NIKOLAS YALOURIS

PEGASUS
EIN MYTHOS IN DER KUNST

NIKOLAS YALOURIS

PEGASUS

Ein Mythos in der Kunst

VERLAG PHILIPP VON ZABERN
MAINZ AM RHEIN

171 Seiten mit Frontispiz, 134 Farb- und 13 Schwarzweißabbildungen.

Umschlagbild: Fresko aus Pompeji, 40–63 n. Chr. (s. S. 82).
Vorsatzblätter: Quellhaus der Peirene, Alt-Korinth. Foto: G. Klammet, Ohlstadt.
Frontispiz: Stich von Jacopo de Barbari,
genannt 'Meister mit dem Caduceus', 1440–1515. (s. S. 134).

CIP-Kurztitelaufnahme der Deutschen Bibliothek

Gialurēs, Nikolaos:
Pegasus: ein Mythos in der Kunst / Nikolas Yalouris. [Übers. von Helen Zigada. Fotos: Harri Peccinotti . . .]. – Mainz am Rhein : von Zabern, 1987.
Einheitssacht.: Pēgasos ⟨dt.⟩
ISBN 3-8053-0890-6

1975 erstmals veröffentlicht durch Mobil Oil Hellas
1977 zweite, revidierte Auflage veröffentlicht durch Westerham Press Ltd., England, als PEGASUS: THE ART OF THE LEGEND

ISBN 3-8053-0890-6

Printed in West Germany by Philipp von Zabern

Inhalt

Vorwort

Dieses Buch ist das Ergebnis eines lange gehegten persönlichen Interesses an der Geschichte des Pegasus, dem Symbol der schöpferischen Phantasie des Menschen bei seiner nie endenden Suche nach Erfüllung und Erhebung.

Es war ein glücklicher Zufall, daß nicht nur ein großes, internationales Unternehmen wie die Mobil Oil Corporation seit langem den Pegasus als Emblem benutzte, sondern daß auch die griechische Tochtergesellschaft, Mobil Oil Hellas, nach einem Objekt suchte, um ihr sechzigjähriges Bestehen im Geburtsland des fliegenden Pferdes zu würdigen.

Diese einzigartige Sammlung von Pegasus-Darstellungen in allen Kunstformen wäre ohne den ansteckenden Enthusiasmus und die finanzielle Unterstützung der Mobil Oil Hellas, ohne das Verständnis und die Großzügigkeit der Mobil Oil Corporation, ohne die uneingeschränkte Hilfe vieler Mobil-Mitarbeiter in aller Welt, die sonst schwer erhältliches Fotomaterial lieferten, nicht zustandegekommen. Herrn George Legakis möchte ich meinen ganz besonderen Dank für die großartige Zusammenarbeit bei der Realisierung dieses Buches aussprechen.

Das Buch verdankt seine Entstehung auch zum großen Teil der Hilfsbereitschaft vieler Wissenschaftler, die ihr Material zur Verfügung stellten und Informationen lieferten. Mein ganz besonderer Dank dafür gilt:

Dr. S. Alexiou, Direktor des Archäologischen Museums Heraklion Kreta; J. Almudevar, Kurator der Biblioteca Nacional, Madrid; Dr. Esin Atil, Kurator der Kunst des Nahen Ostens in der Freer Gallery, Washington, D.C.; Dr. Ernst Berger, Direktor des Antikenmuseums in Basel; Prof. L. Beschi, Universität Neapel; G. le Rider, Direktor vom Cabinet des Médailles, Bibliothèque Nationale, Paris; Dr. A. Delivorrias, Direktor des Benaki-Museums, Athen; N. Duval, Direktor, und A. Pasquier, Kurator der Abteilung für Griechische und Römische Kunst, Louvre; Dr. D. Haynes, Kurator i. R. der Abteilung für Griechische und Römische Kunst, Britisches Museum; Prof. L. Kahil, Universität Freiburg, Schweiz; M. Michaelides, Kurator des Byzantinischen Museums, Athen; P. Nikolopoulos, Kurator der Nationalbibliothek, Athen; Dr. A. Oikonomidou, Kurator des Numismatischen Museums, Athen; Dr. D. Papastamos, Direktor der Nationalen Kunstgalerie, Athen; Dr. B. Philippaki, Dr. P. Kalligas, Dr. J. Sakellarakis, Dr. E. Raftopoulou und Dr. A. Stavridis vom Archäologischen Nationalmuseum, Athen; Dr. J. Thimme, Oberkustos i. R. der Antikenabteilung des Badischen Landesmuseums, Karlsruhe; Dr. J. Sollberger, Kurator der Abteilung für Westasiatische Kunst, Britisches Museum; Dr. W. Willemsen, Zweiter Direktor i. R. des Deutschen Archäologischen Instituts, Athen.

Aufrichtiger Dank gebührt auch der Kourd Gallery (J. und A. Kourdoglanian, Athen–London); A. Arazi, israelischer Botschafter in Athen; J. Nadal, spanischer Kulturattaché in Athen; Marli Shamir vom griechisch-orthodoxen Patriarchat in Jerusalem; T. Margaritof, Restaurationsabteilung des Griechischen Archäologischen Dienstes; Dr. D. Oikonomou, M.D. für ihre große Hilfe; der Loeb Classical Library (Harvard University Press) für die Erlaubnis, ihre Übersetzungen der griechischen Texte zu zitieren; dem Griechischen Archäologischen Dienst für alle großzügig gewährten Erleichterungen; und schließlich C. Alatsis für seine sorgfältige Fahnenkorrektur.

Besonderen Dank schulde ich dem Warburg Institut der Londoner Universität, vor allem Dr. Anne Marie Meyer und Dr. J. Trapp, für die freundliche Erlaubnis, das einzigartige Fotoarchiv des Instituts zu nutzen; dieses Buch ist dank ihrer Hilfe entschieden bereichert worden. Mit besonderer Freude begrüße ich die Initiative des Verlegers F. Rutzen, die deutsche Version dieses Buches, die im Jahre 1975 nur in beschränkter Zahl erschienen ist, erneut herauszugeben. Dies zeigt das wache Interesse der Kunstliebhaber in Deutschland, einem Lande, dem die Kultur- und Kunstgeschichte viel zu verdanken hat.

Nikolas Yalouris
Athen 1986

Blick auf den Brunnen Peirene in Korinth. Im Hintergrund Akrokorinth, die antike Akropolis der Stadt. Dem Mythos zufolge kam Pegasus zum Trinken an die lebenspendende Quelle, die in der Antike besungen wurde. Hier fing Bellerophon das Pferd und zähmte es mit goldenen Zügeln, einer Gabe der Göttin Athene.

Das Wasser mehrerer Quellen wurde in vier Zisternen gesammelt, die aus dem Fels herausgehauen worden waren; von dort floß es durch zwei unterirdische Kanäle in den Brunnen Peirene. Periander, Tyrann von Korinth, hatte ihn Anfang des 6. Jahrhunderts v. Chr. erbauen lassen. Bis zur spätrömischen Zeit wurde er mehrmals umgestaltet und ausgeschmückt. Seine letzte und monumentalste Form, die bis heute erhalten ist, bekam er zu Lebzeiten des reichen Atheners Herodes Atticus (101–177 n. Chr.). An der Fassade befinden sich sechs steinerne Bögen mit dahinter liegenden quadratischen Kammern, die Pausanias (II, 3, 2ff.) als "*Räume wie Höhlen*" beschrieb. Aus den Kammern ergoß sich das Wasser in ein rechteckiges Brunnenbecken im Hof. In die übrigen drei Hofwände waren halbrunde Nischen eingelassen. Als Schmuck dienten Marmortäfelungen, Fresken und Mosaiken, die zum Teil heute noch zu sehen sind.

Einleitung

Mythos ist die Sprache des Geistes. Im Gegensatz zur Geschichte befaßt er sich nicht mit flüchtigen Ereignissen und Zufällen, mit sich ständig verändernden äußeren Faktoren und Phänomenen des menschlichen Lebens. Mythos ist die Verkörperung der frühesten Erinnerungen des Menschen an seinen Ursprung, seinen "*gottgegebenen Ursprung*", wie Pindar sagt (*Frg.* 137a). Mit dem Glauben untrennbar verbunden, schlug der Mythos im Leben der Hellenen Wurzeln.

Stephanus Byzantius, Autor der Antike, schrieb: "*Mythos ist, was nie geschah, aber immer ist*". *Als* "*immanenter Grund*" findet der Mythos seinen Ausdruck in Kunst, Dichtung, Musik und Tanz – sie alle führen zur Schönheit und zur Selbstverwirklichung der wahren menschlichen Natur.

Von der Frühgeschichte, ja sogar schon von der fernsten Vorgeschichte an, waren die mythischen Helden den Griechen Modell für Lebenshaltung und Ideale. Die "*gott-entsprungenen*" Helden, geboren aus der Vereinigung von Göttern mit Göttinnen oder sterblichen Frauen, waren selbst eine Offenbarung göttlicher Vorsehung. In diesen Liebesgeschichten verwandelt sich Ewiges ins Vergängliche. Die Sprößlinge solcher Vermählungen, die Heroen vollbrachten großartige Heldentaten, befreiten die Natur vom Chaos, führten den Menschen aus dem "*Leben eines wilden Tieres*", legten den Grundstein für einen höheren Standard des gesellschaftlichen Lebens. Zu ihren heroischen Leistungen gehörte die Zähmung des Urpferdes, des dämonischen Pegasus, Gabe der Götter an die Sterblichen.

Den Mythos des Pegasus in allen Einzelheiten darzustellen und zu analysieren, ginge über den Rahmen dieses Buches hinaus; es ist nicht nur für Experten gedacht, sondern viel mehr für einen größeren Leserkreis. In diesem Buch sollen mit Hilfe verschiedener Kunstwerke Geburt und Geschick des dämonischen Flügelrosses und seines Reiters, Bellerophon, kurz erzählt werden. Der Autor möchte auch die vielfältige Bedeutung des geflügelten Rosses bzw. des Pegasus-Mythos und sein Echo in Zeit und Raum, in seinem Ursprungsland und in den Ländern, die den Stempel des Hellenentums tragen, untersuchen.

Im Mittelalter und in der Renaissance wurde der Pegasus-Mythos – wie alle anderen griechischen Mythen auch – von Kunst, Literatur, Musik und Wissenschaft begeistert aufgenommen. Seine Faszination ist bis in unsere Tage nicht verblaßt.

Es mag verwundern, daß der Mythos seit seinem Entstehen im letzten Jahrtausend v. Chr. – vor rund dreitausend Jahren also – unverändert überlebt hat. Man muß sich jedoch vorstellen, daß diese Spanne von ungefähr dreißig Individuen überbrückt wurde, die sich über die Zeiten hinweg die Hände reichten und jeweils die Erfahrungen und Erinnerungen ihres Jahrhunderts weitergaben. Sie rissen die Zeitschranken nieder, übermittelten den Mythos und bewahrten ihn ehrfürchtig. Denn der Mythos ist des Menschen Quelle, die sein geistiges Weiterleben sichert und seine Rückkehr zu den Ursprüngen möglich macht.

Schwierig war die Aufgabe, aus der Vielzahl hervorragender Werke mit Darstellungen des Pegasus-Mythos, von der Antike bis zur Gegenwart, das in diesem Band zusammengestellte Material auszuwählen. Mit Bedauern und Widerstreben mußte vieles weggelassen werden zu Gunsten repräsentativer Werke aus allen Kunstzweigen und -schulen.

Vorgeschichte des Pferdes

In den Jahrhunderten vor Beginn der Bronzezeit (etwa 2700 v. Chr.) war das Pferd in Griechenland, im übrigen Europa und in Asien schon bekannt, aber noch nicht gezähmt. Wie andere wilde Tiere wurde es seines Fleisches wegen gejagt.

Am Anfang des dritten Jahrtausends v. Chr. zähmte man das Pferd und setzte es als Zugtier ein. Ochse und Esel, Hirsch und Reh, die früher Wagen gezogen hatten, waren entweder langsamer oder weniger stark als das Pferd. In den meisten Gebieten wurden Pferde zunächst vor den Wagen gespannt und erst später zum Reiten benutzt.

Bald darauf spielte das Pferd bei Kriegszügen eine Rolle. Allerdings blieb es Königen und Adligen vorbehalten. Zum Massentransportmittel für Völker und Heere wurde es zu Beginn des 2. Jahrtausends v. Chr.

Der Überlieferung nach geschah die Zähmung des Pferdes im Mittleren Osten, in Südwesteuropa und in Südostrußland bis hin zum Kaukasus. Indoeuropäische Völker brachten die neue Eroberung in den hellenischen und in den gesamten östlichen Mittelmeerraum. Die ausgedehnten Züge der indoeuropäischen Völker und die großen Völkerwanderungen des Ostens vollzogen sich vorwiegend im 2. Jahrtausend v. Chr. Dabei spielte die neue Entdeckung eine bedeutende Rolle. Nachdem die Menschheit gelernt hatte, Pferde vor Wagen und andere Fahrzeuge zu spannen (erste Hälfte des 2. Jahrtausends v. Chr.) und auf Pferden zu reiten (vom 13. Jahrhundert v. Chr. an), konnte sie zum erstenmal in der Geschichte große Entfernungen schnell überwinden. Eine Reihe von Kunstwerken aus diesem Jahrtausend weist darauf hin, daß sich die Eroberer diesen zweifachen Verwendungszweck zunutze machten. Die revolutionäre Neuerung verursachte ungeheure Umwälzungen, besonders auf militärischem Gebiet, und hatte im 2. Jahrtausend v. Chr. großen Einfluß auf die Entwicklung der Geschichte. Die wandernden Stämme sicherten sich sehr schnell durch eine große Anzahl von bespannten Wagen und später durch berittene Truppen die Überlegenheit in jedem eroberten Land, in dem sie schließlich auch siedelten.

Die altmodischen Fußtruppen der eingeborenen Bevölkerung konnten den Angriffen des berittenen Feindes nicht standhalten: reitende Soldaten, die auch noch bessere Waffen hatten, waren für sie neu und furchterregend. Nach Ansicht des Gelehrten Hančar wurde das Pferd damals zu "*einem wahrhaft Geschichte machenden Tier*". Der Autor zitiert auch einen chinesischen Historiker, der schrieb: "*Der Pferderücken hat die Länder der Welt geformt*".

Was in jener Zeit geschah, kann man wohl vergleichen mit der Eroberung Mexikos durch spanische Reiterei, die als erste das Pferd in die Neue Welt brachte. Fernando Cortez berichtet in der Chronik seiner Kampagne, daß die spanischen Reiter den Azteken wie eine Verbindung aus Mensch und Tier erschienen, die sie für übernatürliche Wesen hielten und als solche empfingen. Das erleichterte die Eroberung des neuen Landes durch eine verhältnismäßig kleine Zahl von Invasoren. In beiden Fällen, die örtlich und zeitlich weit auseinander liegen, galt das Pferd als unbesiegbares, dämonisches Geschöpf.

Mit großer Sicherheit ist die mythische Figur des Zentauren bald nach dem Auftauchen der ersten Reiter entstanden. Auf den ersten Blick erweckten sie den Eindruck, als wüchse der Reiter aus dem Pferdeleib heraus.

Auch die Geschichte des Trojanischen Pferdes, das den Fall des mächtigen Troja verursachte, erinnert an die bedeutende Rolle, die das Pferd bei den Feldzügen jener Zeit spielte.

Heute, viertausend Jahre später, mag man ein Echo der historischen Bedeutung des Pferdes darin sehen, daß die Kraft unserer Maschinen international in "Pferdestärken" (PS) gemessen wird.

Mythologie des Pferdes

Verfolgt man in der Geschichte des 2. Jahrtausends v. Chr. die dramatische Rolle des Pferdes, dann mußte es unweigerlich in die Mythologie eingehen.

In Darstellungen der obersten Göttin, bekannt als "*Herrin der wilden Tiere*", taucht von da an unter den sie umgebenden Tieren auch ein Pferd auf. Nach und nach verdrängte der Neuling die anderen Tiere und wurde mehr oder weniger zum ständigen Begleiter der Gottheit. Diese Veränderung vollzog sich in der Epoche der geometrischen Kunst (10.–8. Jahrhundert v. Chr.). Von dieser Zeit an wurde die Göttin unter den Namen *Hippia, Chalinitis, Henioche, Damasippos* usw. (Bezeichnungen der Göttin, die als zweites Kompositum das Wort hippos = Pferd trägt, während die Worte *chalinos* und *henion* die Zügel oder das Pferdegebiß bedeuten) verehrt, und in der Kunst schützt, zähmt oder zügelt sie das Pferd. Es gibt Tausende von Pferdefigurinen und Wagenmodellen und zahllose Darstellungen auf Vasen und anderen Gegenständen, die als Grabbeigaben oder als Votivgaben für Heiligtümer dienten; die Zahl der Pferdeabbildungen übertrifft bei weitem die anderer Tiere.

Selbst die Götter des Olymp stritten untereinander um die Vaterschaft und den Stand des edlen Tieres. Im Kult des Poseidon, Gott des Meeres, taucht das Pferd als Symbol für Wasser und Fruchtbarkeit auf. Es verdrängte zum Teil den Stier, der bis dahin alleiniges Symbol des Gottes gewesen war. Im Kult der Athene unterstrich das Pferd den ursprünglich martialischen Charakter der Göttin, der den Bedürfnissen der kriegerischen Griechenstämme entgegenkam. Athene galt auch als Urheberin der Idee, das Pferd zu zähmen, und sie soll den Menschen das Reiten und Wagenfahren gelehrt haben. Diese göttlichen Gaben galten dem Geschenk der Demeter als ebenbürtig, die den Menschen den Getreideanbau gegeben hatte (Aristeides, *Or*, 37, 14). Im Kult der Demeter, die auch *Hippos* (Pferd) gennant wurde, und in ihrer Beziehung zu Pluto *Clytopolus*, war dieses bedeutende Tier chthonisches Symbol.

Im Apollo-Kult symbolisierte das Pferd die geistige Erhebung und Erleuchtung. Darüber hinaus stand es noch mit anderen Göttern und Helden in mehr oder weniger enger Verbindung.

Ein so bedeutendes und wertvolles Geschöpf mußte einfach göttlicher Herkunft sein. Einem arkadischen Mythos jener Zeit zufolge ging das Pferd Arion aus Poseidons Vereinigung mit Demeter hervor. Der Mythos erzählt, daß Demeter die Gestalt einer Mähre annahm und sich in den Ställen des Onkos, Apollos Sohn und König von Arkadien, verbarg, um Poseidons Liebesabsichten zu entkommen. Aber die List nützte nicht, da es dem Gott in Pferdegestalt gelang, sie zu täuschen und zu schwängern (Paus. VIII, 25, 5). Die pferdeköpfige Kultstatue der Demeter in ihrer heiligen Höhle in Phigalia, Arkadien, bestätigt die Legende (Paus. VIII, 42, 4). Ihr Sohn Arion, das gottgeborene Pferd, wurde zuerst von Onkos, dann von Herakles geritten. Sein letzter Reiter, Adrastos, der bei dem verhängnisvollen Zug der Sieben gegen Theben als einziger dem Tode entging, verschwand mit seinem Roß in den Tiefen der Erde. Mit anderen Worten, Arion kehrte schließlich zu seiner chthonischen Mutter zurück.

Die Überlieferung will, daß Poseidon noch ein anderes mythisches Pferd thessalischer Herkunft zeugte: Skyphios, auch *Petraios* (aus dem Fels) genannt. In der Mythologie heißt es "*... als er (Poseidon) auf dem Fels eingeschlafen war, verspritzte er seinen Samen, und die Erde empfing ihn, und sie gebar das Urpferd*" (Schol. Pind. *Pyth.* IV, 246). In einer anderen Version des Mythos geschieht die wundersame Geburt des Skyphios auf dem Colonus-Hügel in Athen. Nach einer dritten Version entsprang Skyphios dem Fels, als Poseidon ihn mit seinem Dreizack berührte. Während seines Streits mit Athene um die Vaterschaft der "*gottgeliebten Stadt*" schlug Poseidon mit seinem Dreizack Wasser aus dem Fels der Akropolis und schuf das "*Erechtheis-Meer*". Eine vierte Version besagt, daß durch seinen Schlag ein Pferd hervorsprang, eine Gabe des Gottes, der dem flüssigen Element verbunden war. Athenes Gabe, der heilige Olivenbaum, den sie auf dem Fels wachsen ließ, gewann ihr die Gunst der Stadt, die nach ihr benannt wurde. Der Streit zwischen den beiden Göttern weist auf ihre enge Verbindung mit dieser Stadt hin, in der sie beide als Pferdegottheiten verehrt wurden.

Kein anderes Tier wurde in der griechischen Mythologie je mit soviel göttlichen Ahnen geehrt wie das Pferd. Deshalb glaubte man auch, daß es zum Olymp aufgefahren wäre und in Zeus' Diensten stünde. Wegen seines besonders edlen Charakters wurde das Pferd in der Antike zum Emblem des "*gottgeborenen*" Adels, der unter gewöhnlich Sterblichen die göttliche Macht repräsentierte. Außerdem konnten es sich nur Aristokraten leisten, Pferde zu züchten und zu unterhalten und im Krieg zu benutzen. Viele adlige Familien nahmen sogar für sich in Anspruch, von dem edlen, feurigen Tier abzustammen; in ihren Namen kam deshalb zum Teil das Wort *hippos* vor (z. B. Hippolytos, Leukippos, Hippodameia, Hippokrates usw.).

Der griechische Glaube, daß die toten Helden vor den Lebenden in Gestalt eines Pferdes erscheinen, hing mit dieser Auffassung zusammen. Die Seele des Verstorbenen wurde deshalb oft in Pferdegestalt dargestellt.

Und Stheneboia verliebte sich in ihn und sandte ihm Vorschläge für eine Begegnung; und als er sie abwies, sagte sie Proitos, dass Bellerophon ihr einen verwerflichen Antrag gemacht hätte. Proitos glaubte ihr, und er schickte ihn mit einem Brief zu Iobates, in dem geschrieben stand, dass er Bellerophon töten sollte. Nachdem Iobates den Brief gelesen hatte, befahl er ihm, die Chimäre zu töten und glaubte, dass das Tier ihn umbringen würde, weil nicht einer allein es bewältigen konnte; es hatte das Vorderteil eines Löwen, den Schwanz eines Drachen, und sein dritter Kopf, der mittlere, war der einer Ziege, aus dem es Feuer spie. Und es verwüstete das Land und verfolgte das Vieh; denn es war ein einzelnes Tier mit der Kraft von drei Tieren. Es heisst auch, dass es von Amisodares aufgezogen wurde, was auch Homer bestätigt, und dass es von Typhon und Echidne gezeugt wurde, wie Hesiod erzählt. So bestieg Bellerophon das geflügelte Pferd Pegasus, Nachkomme von Medusa und Poseidon, schwang sich empor und tötete die Chimäre aus der Höhe. Nach diesem Kampf befahl ihm Iobates, gegen die Solymer zu kämpfen und als er auch diese Aufgabe beendet hatte, befahl er ihm, gegen die Amazonen zu kämpfen. Und als er auch diese getötet hatte, wählte er die tapfersten unter den Lykiern aus und befahl diesen, ihn aus dem Hinterhalt zu töten. Als aber Bellerophon auch sie bis auf einen Mann getötet hatte, bewunderte Iobates seine Tapferkeit, zeigte ihm den Brief und bat ihn, bei ihm zu bleiben; er gab ihm seine Tochter Philonoe und sterbend hinterliess er ihm das Königreich."

Seine erstaunlichen Taten lösten in Bellerophon vermessene Gedanken aus. Vom Erfolg trunken, verlor er jedes Gefühl für das Maß und versuchte, mit Pegasus in den Himmel zu fliegen; darauf wurde Pegasus in ein Werkzeug göttlicher Strafe und Züchtigung der *hybris* verwandelt. Auf dem Flug zum Himmel warf er Bellerophon ab; dieser fiel auf die Erde und wurde gelähmt und beendete seine Tage im Elend: "*Dieweil im Fluge Pegasus seinen Herrn hat herabgestürzt, der himmelan zum Saale des Zeus gewollt, Bellerophontes. Doch bitterstes Ende harrt der Gelüste, so wider Recht man heget.*" (Pindar, *Isthm.* VII, 44–7). Pegasus setzte seinen Flug zum Olymp fort, wo er in Zeus' Diensten blieb als ständiger Wächter und Träger von Donner und Blitz: "*Dann flog er (Pegasus) davon und verliess die Erde, die Mutter der Herden, und kam zu den unsterblichen Göttern; und er wohnt im Hause des Zeus und bringt Zeus, dem Weisen, Donner und Blitz*" (Hesiod, *Theog.* 284–6).

Was den Symbolgehalt und die Bedeutung des Pegasus-Mythos betrifft, hat es zahlreiche widersprechende Interpretationen gegeben. Am ehesten können wohl jene übernommen werden, die auf der doppelten Funktion und Verbindung des Pegasus mit Poseidon und Zeus basieren. In Verbindung mit Poseidon ist Pegasus das Symbol des flüssigen Elements und der chthonischen Macht des "*Erderschütterers*". Als Donnerträger und Wächter des heiligen olympischen Feuers wird Pegasus mit Zeus in Verbindung gebracht. Im Himmel ist er der erwählte und würdige Träger von Zeus' Donnerkeil, den die Kyklopen im Schoße der Erde schmiedeten.

Pegasus' erste Funktion als Symbol des flüssigen Elements und der Fruchtbarkeit des Landes wird von Hesiod erwähnt; er erklärt auch die Etymologie des Namens, indem er ihn von den Quellen (griechisch *pegae*) des Meeres ableitet: "*. . . das Pferd Pegasus, das so genannt wird, weil es bei den Quellen des Okean geboren wurde*" (*Theog.* 282). Diese Erklärung scheint ihren Ursprung im Volksglauben zu haben, kann aber auch ein Wortspiel des Dichters sein (Pegasus – *pegae*); wie es auch sein mag, über die gemeinsame Wurzel der beiden Wörter kann man nicht hinwegsehen.

In einer anderen Legende, die Strabo (VIII, 379) erzählt, wird derselbe Standpunkt vertreten. Die Überlieferung will, daß Pegasus den Fels auf dem Berge Helikon mit dem Hufe schlug und daß dadurch die Hippokrene genannte Quelle entsprang; der Name bedeutet "Brunnen des Pferdes". Auf ähnliche Weise schuf Pegasus mehrere Quellen: die Aganippe auf dem Helikon, die Kastalia in Delphi und ein paar mehr in Troizen und anderswo (Paus. II, 31, 12). Taten dieser Art bringen Pegasus wieder in enge Verbindung zu seinem Vater Poseidon. Die Beziehung des Pferdes zum flüssigen Element scheint sich in der lateinischen Sprache erhalten zu haben; einige Gelehrte vertreten die Ansicht, daß das lateinische Wort für Pferd, *equus*, dieselbe Wurzel hat wie *aqua*, Wasser. Von dieser Bedeutung und von Pegasus' Flug zum Himmel ausgehend, haben einige moderne Gelehrte eine physiokratische Auslegung vorgeschlagen, der zufolge das göttliche Pferd als Symbol des flüssigen Elements angesehen wird, das verdunstet und als Wolke zum Himmel aufsteigt.

Die zweite Funktion des Pegasus spiegelt sich vielleicht in einer anderen Erklärung des Namens, die in Homers *Ilias* (IX, 124) vorkommt, eine Quelle also, die etwas älter ist als Hesiods episches Werk. Dieser Erklärung zufolge stammt der Name Pegasus von dem Beiwort *pegos*; es bedeutet fest, stark, weiß. Besonders die letzte Bedeutung wird mit Licht-Feuer, dem Symbol des Zeus, in Verbindung gebracht. Außerdem stellte man sich die geflügelten oder flügellosen Pferde, die die Wagen von Apollo und Helios (Sonne) zogen, weiß vor.

Pegasus hatte neben den oben erwähnten noch eine dritte Funktion, die mit Athene in Zusammenhang steht; sie hat nichts mit seinem transzendentalen Ursprung oder Ende zu tun, sondern bezieht sich lediglich auf die kulturelle Rolle des Pferdes im Dienste der Menschheit. Denn die erfinderische Göttin hatte Bellerophon und damit allen Sterblichen die Mittel gegeben, das Pferd zu zähmen und den eigenen Bedürfnissen zu unterwerfen. Ein anderer Mythos sagt uns, daß dieselbe Göttin den athenischen Helden Erichthonios die Kunst des Wagenfahrens lehrte. Beide Helden wurden "*erste Erfinder*" genannt – jeder auf seinem Gebiet. Zahllose Denkmäler bestätigen Athenes enge Beziehung zum Pferd im allgemeinen und zu Pegasus im besonderen, was wir später noch sehen werden. Diese Beziehung wird weiter bestätigt durch eine große Zahl von Pferdestatuen und metallenen Zügeln, die fromme Gläubige im Heiligtum der Göttin niederlegten.

Der Name Bellerophon ist bis heute nicht endgültig definiert worden. Unbekannt ist, ob es sich bei ihm um eine göttliche Figur handelte, die zum Helden wurde oder ob umgekehrt eine Vergöttlichung des Helden stattfand. Tatsache bleibt jedoch, daß er nicht nur in Korinth verehrt wurde (Paus. II, 2, 4), sondern auch in anderen Teilen der nordöstlichen Peleponnes und im übrigen Griechenland. Sein heiliger Hain in Lykien genoß große Verehrung. Viele hielten Bellerophon für einen Nebengott von Poseidon, vor allem seit antike Kunstwerke ihn zuweilen mit einem Dreizack zeigten. Alte Quellen besagen, daß sein ursprünglicher Name Hipponoos war. Eine Version lautet, er habe den Namen Bellerophontes – abgekürzt Bellerophon – angenommen, nachdem er den Helden oder Drachen Belleros getötet hatte (die Nachsilbe *phontes* bedeutet Totschläger). Nach Meinung anderer war Bellerophon als Gott des Himmels mit Chrysaor, Helios und dessen Sohn Phaethon verbunden; dieselben Gründe, die Bellerophons Fall verursachten, trafen auch für Phaethons Fall aus dem Wagen seines Vaters zu.

Die korinthische Version des Mythos von Bellerophon und der Zähmung des Pegasus am Brunnen Peirene muß im Geometrischen Zeitalter (wahrscheinlich im 9. oder 8. Jahrhundert v. Chr.) entstanden sein; möglicherweise handelt es sich dabei um eine legendäre Zusammenfassung tatsächlicher Ereignisse. Moderne Gelehrte erkennen im Bellerophon-Mythos den Übergang vom Wagenfahren zum Reiten, der sich in der Kriegskunst etwa zwischen dem Ende der Mykenischen Periode und dem 8. Jahrhundert v. Chr. vollzog.

Des "Pferdes Zauber", wie Pindar das Zaumzeug nennt (*Ol.* XIII, 96), tauchte in jener Zeit zuerst in Korinth und Argolis auf. Eben dieses Ereignis spiegelt sich in den örtlichen Versionen des Mythos von Bellerophon und der Zähmung des Pegasus. Archäologische Funde und historische Daten erhärten die Annahme. Neben den aus spätmykenischer Zeit überkommenen Bronzezügeln sieht man gegen Ende der Geometrischen Periode oder Anfang des 7. Jahrhundert v. Chr. bei Pferdedarstellungen auf korinthischen Kunstwerken zum erstenmal vollkommenes Zaumzeug. Auf zeitgenössischen Pferdedarstellungen aus anderen Teilen Griechenlands ist das Zaumzeug noch primitiv: dem Pferd sind einfache Bänder ums Maul gebunden.

Nach und nach übernahmen die anderen griechischen Städte das unvergleichlich bessere korinthische Zaumzeug aus Metall, das im Maul des Tieres befestigt wurde. Gegen Ende des 7. Jahrhunderts v. Chr. war dieses Zaumzeug dann schon in der gesamten griechischen Welt bekannt und tauchte bei allen Pferdedarstellungen auf. Diese Fakten sind ein überzeugender Beweis dafür, daß die Kunst des Reitens spätestens vom Ende des Geometrischen Zeitalters an (Ende des 8. Jahrhunderts v. Chr.) in Korinth ausgeübt wurde. Auf korinthischen Vasen etwa aus derselben Zeit finden sich die ersten Darstellungen von Kavallerie, die eine Hopliten-Phalanx begleitet.

Im 2. Jahrtausend v. Chr. war das Motiv des geflügelten Pferdes auf griechischem Territorium schon bekannt – und beinahe mehr noch im Osten. Bei hethitischen und assyrischen Kunstwerken kommt es verhältnismäßig oft vor (Abb. 2–5); das in Perachora gefundene mykenische Siegel (Abb. 1) ist auch ein Beispiel dafür. Das Flügelroß wird entweder allein oder in Gesellschaft anderer wilder Tiere und gelegentlich mit dem "*Herrn der Tiere*" gezeigt. Das geflügelte Pferd, das ein hethitisches Siegel in der Bibliothèque Nationale in Paris schmückt, ist zweifellos ein Sonnensymbol (Abb. 2). In spätmykenischer Zeit übernahmen die Griechen erstmals vom Osten das Flügelroß und andere geflügelte Tiere – Löwen, Hirsche und verschiedene imaginäre Geschöpfe –; später tritt es dann hauptsächlich auf Kunstwerken des Geometrischen Zeitalters hervor.

Hauptträger des orientalischen Einflusses in der griechischen Kunst ist die Stadt Korinth. In den Jahrhunderten lebhafter griechischer Kolonisierung (Geometrische und frühe Archaische Periode) spielte Korinth unter den Städten Griechenlands eine führende Rolle, wie Athen und Sparta in späterer Zeit. Korinth hatte sehr früh eine bedeutende Handelsflotte, dank seiner günstigen Lage am Isthmus von Korinth, dem Kreuzweg zwischen Ost und West. Statt die gefährliche Reise rund um die Küsten der Peleponnes mit fast ständig rauher See zu machen, liefen korinthische und fremde Handelsschiffe, die aus Ost und West kamen, Korinth an. Sie fanden dort ein ideales Handelszentrum für den Warenaustausch und den Warentransport vom saronischen zum korinthischen Golf und umgekehrt. Sogar der Transport ganzer seefahrender Schiffe über Land war möglich durch den Bau einer Steinspur, den *Diolkos* – eine erstaunliche Leistung. In Korinth, Treffpunkt zwischen zwei Welten, herrschte Wohlstand ("reich" war das meist verwendete Attribut); die Stadt führte die Errungenschaften des Orients in den griechischen Raum ein, wo sie schnell assimiliert und hellenisiert wurden. Dazu gehörte auch die Reitkunst, die sich in den riesigen Ebenen des Ostens entwickelt hatte; ferner die Erfindung des metallenen Zaumzeugs, das schon von assyrischen Darstellungen des 9. und 8. Jahrhunderts v. Chr. bekannt war.

Die Erinnerung an Korinths Beziehungen zum Osten, insbesondere zu Lykien, erhielt den Glanz der Legende und lebte im bedeutendsten korinthischen Mythos, dem Bellerophon-Pegasus-Mythos, weiter. Nach der Überlieferung stammte Stheneboia, die Frau des Königs Proitos von Tiryns, aus Lykien; und die berühmten Mauern von Tiryns waren von lykischen Maurern gebaut worden. Auch Bellerophon soll seine größten Heldentaten in Lykien vollbracht und seine von Homer besungene Dynastie dort gegründet haben. Seine einzige Heldentat auf griechischem Boden war der Sieg im Reiterwettstreit in Argos, den Akastos zu Ehren von Pelias veranstaltete. Diese Information ist allerdings in einer späteren Quelle, nämlich Hyginus (*Fabul.* 273), zu suchen. Selbst die griechischen Namen von Bellerophons Nachkommen – Hippolochos, Glaukos, Sarpedon – wurden späteren Lykier-Generationen weitervererbt. Lykiens Könige waren nicht die einzigen, die Anspruch auf die Abstammung von Bellerophon erhoben. Ionische Herrscher in Kleinasien – wie Leukippos, Gründer der Stadt Magnesia am Mäander – führten ihre Ahnen bis auf Glaukos, Enkel von Bellerophon, zurück (Herod. 1, 147).

Der hellenisierte Charakter Lykiens wird in historischer Zeit vor allem an den Monumenten des Landes mit seinen mythologischen Motiven deutlich. Sie kommen der künstlerischen Auffassung und Überlieferung Griechenlands so nahe, daß sie entweder von Künstlern, die vom griechischen Festland herüberkamen, oder von ansässigen Künstlern, die von der griechischen Kunst zutiefst beeinflußt waren, geschaffen worden sein könnten.

Der Mythos in der archaischen und klassischen Kunst

Der Mythos in der archaischen und klassischen Kunst

Die frühesten Darstellungen des Mythos, die mehr oder weniger gleichzeitig mit Hesiods epischem Werk entstanden, finden sich auf protokorinthischen Töpferwaren (erste Hälfe des 7. Jahrhunderts v. Chr. s. Abb. 6, 7) und vor allem auf korinthischen Münzen. Korinth prägte die ersten Münzen etwa 640 v. Chr. Von da an bis zur spätrömischen Zeit werden Bellerophon und Pegasus in verschiedenen mythologischen Szenen auf korinthischen Münzen abgebildet: Pegasus fliegt ungezähmt; Pegasus trinkt am Brunnen Peirene; Bellerophon zähmt den Pegasus; Bellerophon reitet den Pegasus im Kampf gegen die Chimäre. Die Kehrseite der Münze zeigt gewöhnlich den Kopf der Athene, Schutzpatronin und Helferin des Helden, oder seinen Vater Poseidon (s. Abb. 38–42 und 63–67).

Das Emblem der korinthischen Münzen wiederholt sich sehr bald auf Geldstücken, die in anderen Städten geprägt wurden – zunächst in Korinth nahegelegenen Städten (Argos, Sikyon), dann in solchen, die von Korinth gegründet worden waren oder mit Korinth enge Beziehungen unterhielten (Leukas, Anaktorium, Korkyra, Syrakus usw.). Später erschien das Emblem auch auf den Münzen verschiedener anderer Städte und kleinasiatischer Kolonien, in Karien, Lykien, Kilikien, Phrygien und Pontus.

Andere Kunstwerke, die in allen Werkstätten und Schulen des griechischen Festlandes und der Kolonien entstanden, zeigten dieselbe Tendenz. Alle Phasen des Mythos wurden in Marmor, Bronze, Ton und anderen Materialien nachgestaltet – auf monumentalen Kunstwerken und zahllosen Gegenständen der Kleinkunst, wie Tempelskulpturen, Wandmalereien, Vasen, Lampen, Textilien, Waffen usw. (s. Abb. 8, 9, 11–14, 16–18, 20, 21, 23). Leider sind viele Monumentalskulpturen und Wandmalereien verlorengegangen, darunter Objekte, die antiken Literaturquellen zufolge in Korinth, Epidaurus (Paus. II, 27, 2), im Amyklai in Sparta (Paus. III, 18, 13), in der Lesche von Delphi usw. zu finden waren.

Der Mythos nahm sehr früh einen panhellenischen Rang ein (Mitte des 7. Jahrhunderts v. Chr.). Bellerophons Heldentaten symbolisierten, wie die Taten des Herakles, des Theseus und anderer legendärer Helden, ein beständiges hellenisches Ideal: den endlosen Kampf des Menschen um die Bezwingung der unbändigen Natur, draußen und in seinem Inneren, und um die Beherrschung der eigenen Gedanken über die endlose Welt um ihn und seine teleologische Beziehung zu ihr. Der Mythos griff auch auf die Nachbarländer über, in denen sich die griechische Zivilisation ausgebreitet hatte – wie Etrurien und die Länder des Orients – und wurde oft in lokalen Kunstwerken dargestellt (s. Abb. 19, 26, 52–58).

In der Literatur tritt der Mythos nicht weniger häufig in Erscheinung. Neben Homer und Hesiod unterstreichen viele Dichter und Schriftsteller der archaischen Zeit die epischen und erzählerischen Elemente des Mythos. Derselbe Trend zeigt sich in jener Zeit auch bei den Kunstwerken, deren Figuren unbändigen Tatendrang ausstrahlen. Das jugendliche Hellenentum war im Vertrauen auf seine physische und geistige Kraft bestrebt, das Wissen um die Welt zu erringen. Enthusiasmus und Tatenfreudigkeit spiegeln sich in den lächelnden Gesichtern, die archaische Künstler schufen.

Die Tragödiendichter des 5. Jahrhunderts v. Chr. dagegen verwenden den Pegasus-Mythos, und darüber hinaus auch alle anderen Mythen, um die innere Welt des Menschen, seine Konflikte und Leidenschaften, zu enthüllen. Die Helden sind nicht mehr Erzähler oder lächelnde Personen, sondern führende Figuren eines Dramas, in dem jede ihre eigene Rolle im tragischen Geschick des Menschen spielt. Der jugendliche Glanz des 6. Jahrhunderts v. Chr. wird abgelöst von ernster, introvertierter Haltung. Ein neues Ideal entsteht, das die Tiefe des Menschen und seine Herrlichkeit spiegelt. Tugend und Mäßigung werden jetzt der Arroganz und der Maßlosigkeit gegenübergestellt. Für das Hellenentum war die Zeit der Reife und Männlichkeit gekommen, beschleunigt durch die dramatischen Ereignisse der Perserkriege.

In den Tragödien werden von da an bestimmte Episoden im Leben des Bellerophon herausgestellt: Stheneboias Verleumdung, oder der Zwischenfall im Palast des Iobates, oder die letzte Szene, in der Bellerophons Anmaßung, zum Olymp aufzufahren, von den Göttern gestraft wird. Darüber hinaus fügten die Tragödiendichter neue Szenen ein, wie Bellerophons Rückkehr nach Tiryns und Stheneboias Züchtigung. Sie waren Gegenstand von Sophokles' Tragödie *Iobates* und Euripides' Tragödien *Stheneboia* und *Bellerophon*, von denen mehrere Fragmente erhalten sind.

An einigen Stellen treten die neue Interpretation und die dem Mythos unterstellte Moral deutlich hervor: "*Viele sind stolz auf Reichtümer und vornehme Geburt, doch ein törichtes Weib im Haus bringt Schande über sie*" (Eur. *Sthen.* Fragment 662), was sich auf die Leichtgläubigkeit des Proitos gegenüber der Verleumdung seiner Frau bezieht. Oder: "*Je mehr vor der Liebe gewarnt wird, desto bedrängender zeigt sie sich*" (Eur. *Sthen.* Frg. 665), was eine tiefe Kenntnis der Liebesleidenschaft verrät. Bemerkenswert sind auch die Gedanken des Dichters über die Unsicherheiten und Wechselfälle des menschlichen Lebens: "*Aber was ist klar im Leben des Menschen? Ein Sturm lässt das schnelle Schiff in den Tiefen der See versinken; und die Zeit ändert das Geschick der Sterblichen von der Fülle zum Nichts und vom Wenigen zum Mehr*" (Eur. *Sthen.* Frg. 304). In einem Fragment der Tragödie *Bellerophon* von Euripides ist der Held über sein elendes Schicksal verbittert und verkündet, das größte Glück, das ein Mensch sich wünschen könne, sei, nicht geboren zu werden. Er zweifelt an der Existenz der Götter, versöhnt sich aber zum Schluß mit ihnen und stirbt in dem Bewußtsein, sein Leben richtig gelebt zu haben.

Zahlreiche zeitgenössische Kunstwerke (Statuen, Vasenmalereien usw.) konzentrieren sich auf dieselben Episoden. Sie verraten den Einfluß dieser Tragödien und der neu gewonnenen Erkenntnis, daß die in der menschlichen Natur liegenden Möglichkeiten endlos und zugleich begrenzt und unergründlich sind. Sämtliche Werke spiegeln den Geist der Zeit (Abb. 27, 31, 34, 35, 46–48). Die neue Auffassung des Mythos beeinflußte nicht nur die Künstler des griechischen Festlandes, sondern auch die der Kolonien, besonders in Magna Graecia (Sizilien und Süditalien). Seit der zweiten Hälfte des 5. Jahrhunderts v. Chr. offenbaren vor allem bemalte Gegenstände den Einfluß von Theateraufführungen der erwähnten Szenen (Abb. 44, 45). Andere Kleinkunstobjekte – beispielsweise eine Reihe böotischer Vasen – erinnern an Satyrn-Spiele oder an Werke der 'Neuen Komödie' attischer Dichter. Eubulos von Athen (4. Jahrhundert v. Chr.) schrieb zum Beispiel die Komödie *Bellerophon*, eindeutig eine Parodie auf Euripides' gleichnamiges Werk (Abb. 36, 37).

Das geflügelte Pferd wird nicht ausschließlich mit Bellerophon in Verbindung gebracht. In Literatur und Kunst weist es auch Beziehungen zu Poseidon, zu anderen olympischen Göttern, Halbgöttern und Helden auf, oder wird als selbständiges geflügeltes Roß dargestellt. Was Poseidon betrifft, braucht man nur an die Beschreibung von Atlantis in Platos *Kritias* (116 c. d.) zu erinnern. In dem ursprünglich reichen und gesegneten Land, das Poseidon heilig war, stand in seinem Tempel eine goldene Statue des Gottes, die ihn auf einem Wagen darstellte, der von geflügelten Pferden gezogen wurde. Die Überlieferung will, daß Poseidon auch einem anderen Sohn, Pelops, Gründer der mykenischen Dynastie, geflügelte Pferde schenkte. Er benutzte sie in seinem siegreichen Wagenrennen gegen Oinomaos (Pherc. 94, Paus. V. 19, 8), der wiederum von seinem Vater Ares Flügelrosse bekommen hatte.

Die enge Verbindung zwischen Pegasus und Athene tritt bei den Darstellungen der Göttin immer wieder hervor. Oft schmückt Pegasus ihren Helm oder erscheint als Emblem auf ihrem Schild (Abb. 24, 25). Selbst Phidias' berühmte Gold-Elfenbein-Statue im Parthenon war ähnlich geschmückt, was das enge Band zwischen der Göttin und Pegasus bestätigt (Abb. 62, 68).

Ebenso alt ist die Beziehung zwischen dem Flügelroß und Apollo und auch den Musen auf dem Berge Helikon. Diese Beziehung kommt bei Hesiod und bei Strabo, dem Geographen des 1. Jahrhunders v. Chr., der auf antike Quellen Bezug nimmt, klar zum Ausdruck. Das Quellwasser, das Pegasus mit seinem Huf aus dem Helikon schlug, wird als "*inspirierend*" beschrieben. Obwohl der geflügelte Pegasus erst seit hellenistischer Zeit den dichterischen Flug ins Reich der Phantasie und Inspiration symbolisiert, ist diese Verbindung in der Kunst schon im 6. Jahrhundert v. Chr. zu erkennen: Apollo und später Helios wurden auf Wagen mit vorgespannten Flügelrossen dargestellt (Abb. 10, vgl. auch Abb. 43).

Eos, die Göttin der Morgenröte, verfügte auch über geflügelte Pferde, die ihren Wagen zogen; zeitgenössische Kunstwerke beweisen es. Sie heißen Zephyros (Eur. *Orest.* 1005), Lampon (Abb. 30) und Phaithon (Lyc. 17 und Kom.). Häufig kommen auch Abbildungen von Thetis und den Nereiden vor, wie sie in ihrem Wagen, der von zwei geflügelten Pferden gezogen wird, Achilles Waffen bringen; Hephaistos hat sie für den Helden, der vor den Mauern Trojas kämpft, geschmiedet.

Vom klassischen Zeitalter an, wenn nicht schon früher, gibt es Darstellungen, in denen Perseus den Pegasus reitet, um das Seeungeheuer zu bekämpfen, das Andromeda zu verschlingen droht. Entweder handelt es sich dabei um eine Verbindung der mythischen Geburt des Pegasus mit der Befreiung Andromedas (hervorgerufen durch Perseus' Enthauptung der Gorgo) oder es handelt sich um eine Variation, die schon in viel früherer Zeit entstand. Alte Beziehungen zwischen Perseus und Pegasus bezeugen auch Münzen, die Mithridates VI. Eupator, König von Pontus, Ende des 2. Jahrhunderts v. Chr. prägen ließ. Das Pegasus-Emblem ist eine Erinnerung an Perseus, den legendären Vorfahren des Königs. Lateinische Autoren (Ovid, Hyginus, Juvenal) griffen vermutlich auf ältere Quellen zurück, als sie in Perseus den Reiter des Pegasus sahen. Von ihren Werken ließen sich die Künstler des Mittelalters und der Renaissance inspirieren, die dieser Version des Mythos treu blieben. Schließlich wird sogar die Gorgo auf dem Pegasus oder auf einem Hirsch reitend dargestellt.

Geflügelte Pferde ohne Bindung an mythologische Szenen findet man oft in Schmuckbändern oder paarweise auf Vasen, Siegelsteinen usw. Unbekannt ist, ob sie mit Pegasus verwandt sind oder ob es sich um anonyme Exemplare handelt. Sie wurden, wie andere geflügelte Pferde auch, aus dem Orient eingeführt, wo sie nie einen Namen hatten (Abb. 50). Künstler der Antike schufen auch phantastische Figuren, indem sie das Flügelroß mit einem Meerestier (Hippokamp) (Abb. 49), mit dem Hahn (Hippalektryon) und dem Greifen (Hippogryph) kombinierten, ja sogar mit ihren eigenen Geschlechtsgenossen, woraus die Zentauren entstanden, die manchmal mit Flügeln dargestellt wurden.

Es war nur natürlich, daß Pegasus, der im Leben der Hellenen eine so bedeutende Rolle gespielt hatte, einen Platz am Himmel bekam, unter den anderen mythischen Figuren, die den Sternen ihre Namen liehen. Die Einreihung des Pegasus unter die Sterne muß zumindest in klassischer Zeit, wenn nicht früher, erfolgt sein. Sie hängt zweifellos mit Hesiods und Pindars Berichten über Pegasus' Flug zum Olymp und dessen Amt als Träger von Blitz und Donner zusammen. Ziemlich sicher ist, daß die Verbindung des göttlichen Pferdes mit Apollo und später mit Helios dazu beigetragen haben, daß sehr früh ein Sternbild nach Pegasus benannt wurde. Außerdem hießen in Korinth zwei Pferde des Helios Astrape (Blitz) und Bronte (Donner).

Eudoxos, ein Plato-Schüler des 4. Jahrhunderts, der die Theorie von der Krümmung der Erdoberfläche entwickelte, nennt Pegasus das Sternbild des heiligen Pferdes (Hieros Hippos). Die Konstellation taucht in *Phänomena* vor Aratos (315–240 v. Chr.), in *Catasterismi* von Eratosthenes (284–202 v. Chr.) und im Werk des Hipparchos, einem Astronomen des 2. Jahrhunderts v. Chr., auf. Das Sternbild wird auch Hippos (das Pferd) oder Hieros Hippos (das heilige Pferd) genannt. Sie alle beschreiben es als "*unvollständig*" und stellen es entsprechend dar, d. h. mit dem Vorderteil bis zum Nabel, das sich aus 18 Sternen zusammensetzt. Es liegt in der nördlichen Hemisphäre, nahe dem Sternbild Fische und über dem Sternbild Andromeda. Eratosthenes' Beschreibung ist sehr charakteristisch: "*Hippos' Vorderteil zeigt sich bis zum Nabel. Aratos berichtet, dass Hippos mit einem Hufschlag die Quelle auf dem Helikon, Hippokrene genannt, schuf; andere behaupten, Hippos war das Pferd, das nach Bellerophons Fall zu den Sternen flog*" *(Catast. 18)*.

Genauso (d. h. von Kopf bis Nabel) wurde Pegasus Ende des 5. Jahrhunderts auf einer rotfigurigen Lekythos (Abb. 33, vgl. Abb. 69) dargestellt. Möglicherweise handelt es sich dabei um die bisher früheste Abbildung des Sternbildes Pegasus, wie die genannten Astronomen es beschrieben hatten. Um 425 v. Chr. war Pegasus als Konstellation schon bestimmt. Auf einer anderen attischen Vase aus Nola in Italien fliegt der vollfigurige Pegasus in den Himmel, während Selene als Mondsichel zu seiner Linken erscheint (s. Abb. 32). Später behauptete Dion Chrysostomos (1. Jahrhundert n. Chr.), Philosoph aus Prusa in Bithynien, die drei Weisen aus dem Morgenland, d.h. die Mittelsterne der trapezförmigen Konstellation Orion, wären die Wagenlenker des Universums und das gesamte Sternbild das des Pegasus. Der Streit unter den Astronomen der Antike, ob Hippos oder Hiero Hippos mit Pegasus indentisch ist, war wohl darauf zurückzuführen, daß Künstler und Autoren der Antike ihn gelegentlich ohne Flügel darstellten oder beschrieben. Offensichtlich hatten Astronomen, die das "Heilige Pferd" ohne Flügel akzeptierten, diesen flügellosen Pegasus im Sinn.

1
Mandelförmiges Siegel aus Sardonyx aus dem Heiligtum der Hera Limenia in Perahora bei Korinth. Mykenische Periode.
Länge 2cm.
Archäologisches Nationalmuseum, Athen. 1211.

In das Siegel ist ein Tier eingraviert, dessen vereinfachte Umrisse deutlich ein geflügeltes Pferd erkennen lassen. Dabei handelt es sich um die älteste Darstellung des mythischen Tieres, die bisher auf griechischem Boden gefunden wurde.

2
Hethitisches Siegel aus dem 13.–8. Jahrhundert v. Chr.
Bibliothèque Nationale, Cabinet des Médailles, Paris.

Das Siegel zeigt die Reliefdarstellung eines Flügelrosses, das mit ausgebreiteten Flügeln fliegt. Auf der Rückseite stehen die Zeichen für "Sonnengott" und der Name *Pikku*.

Dieses Siegel ist ein bedeutendes Dokument. Es beweist, daß das geflügelte Roß, eventuell Pegasus, schon vor der Zeit Hesiods auch im Osten als Sonnensymbol bekannt war (s. S. 15).

6
Protokorinthischer *aryballos* (Ölflasche). Etwa 660 v. Chr.
Höhe 6,8 cm
Perkins Collection, Museum of Fine Arts, Boston. 95.10

Die *aryballoi* dienten als Behälter für duftende Öle, mit denen Athleten ihre Körper nach dem Training einrieben. Die winzige Flasche ist typisch für korinthische Tonwaren jener Zeit. Die Fläche ist, wie die in Abb. 7, unterteilt durch aufeinander folgende horizontale Bänder, die die klaren Linien der schlanken Form noch betonen. Auf dem Hauptband schleudert der auf dem Pegasus reitende Bellerophon seinen langen Speer auf die Chimäre. Die Zeichnung hat Ähnlichkeit mit der in Abb. 7, die Figuren sind jedoch zarter, ausgewogener und – wie die Schmuckmotive der anderen Bänder – polychrom gemalt. Bei jeder Figur werden rot und schwarz abwechselnd verwendet. Die roten Zungen, die bei der Chimäre aus Maul und Nüstern herausragen, sollen offensichtlich den Feueratem darstellen. Der Hintergrund des Hauptbandes ist mit zusätzlichen Schmuckmotiven (Kreuze, Rosetten und eine Eidechse) versehen, die zweifellos von Stickereien auf zeitgenössischen Stoffen kopiert wurden. Die Vasenmalerei ist ein typisches Beispiel des Miniaturstils, der – zusammen mit den Miniaturtonwaren – in Korinth entstand und dort besonders entwickelt wurde. Die gemalte Verzierung steht in auffallender Harmonie mit der Form der winzigen Flasche, und die lebendige Ausstrahlung der kleinen Figuren ist bewundernswert.

7
Protokorinthische *cotyle* (Trinkgefäß). Etwa 670 v. Chr.
Höhe 19 cm.
Museum von Ägina, Griechenland. 1376.

Die schwarz gemalten Figuren des auf Pegasus reitenden Bellerophon und der Chimäre erscheinen auf dem breiten Mittelband des Gefäßes. Dabei handelt es sich um die bisher älteste, von einem korinthischen Vasenmaler ausgeführte Darstellung des korinthischen Mythos. Der Künstler malte den berühmtesten Helden seiner Heimatstadt im Augenblick seiner schwierigsten Heldentat. Dem unbesiegbaren Ungeheuer mit den drei Körpern steht die schlanke Figur des Bellerophon auf seinem Flügelross gegenüber. Der Held reitet dem Ungeheuer mit Triumphschreien (erkennbar am halb geöffneten Mund) und selbstbewußten Gesten entgegen. Die sauber gezeichneten Konturen zeigen wesentliche anatomische Einzelheiten und den Übergang von einem Körperteil zum anderen. Sie beweisen aber auch die Freude des Künstlers an der Artikulation.

8
Orientalisierender Teller aus Thasos. Etwa 650 v. Chr.
Höhe 28cm.
Museum von Thasos, Griechenland. 2085.

Der Teller ist das Produkt einer Kykladen-Werkstatt aus einer Zeit mit starkem orientalischen Einfluß auf die griechische Kunst. Die Darstellung des Mythos nimmt den größten Teil der Fläche ein. Nur ein kleiner Ausschnitt unten ist mit einem Mäander-Motiv und der Figur eines Hundes verziert. Die Malerei wurde in polychromer Technik ausgeführt – offensichtlich beeinflußt von der Monumentalmalerei, die zu jener Zeit ihre ersten kühnen Experimente unternahm. Das Hauptmotiv zeigt Bellerophon auf Pegasus (dessen ausgebreitete Flügel einen riesigen Halbmond bilden), der seinen langen Speer durch das Ungeheuer mit den drei Leiben bohrt. Dieses hat sich auf die Hinterbeine gestellt und sieht seinem Gegner mit allen drei Köpfen drohend entgegen. Der Hintergrund ist mit zusätzlichen Ornamenten gefüllt – mit geometrischen Motiven und stilisierten Pflanzen, wie sie auf Vasen mit orientalischem Charakter häufig vorkommen.

Das zuerst in Korinth verwendete verbesserte Zaumzeug ist hier in allen Einzelheiten zu sehen. Daraus ist zu schließen, daß der "Pferdezauber", wie Pindar das Zaumzeug nennt (s. S. 12) schon Mitte des 7. Jahrhunderts v. Chr. über den Ort der Erfindung hinaus bekannt war. Die Figuren des reitenden Helden und des Ungeheuers wirken monumental und imposant. Sie enthüllen eine Vorliebe für detaillierte Schilderung, die an Homers epische Werke erinnert. Die Figuren stehen sich als ebenbürtige Gegner im entscheidendsten Augenblick ihrer Geschichte gegenüber, was vorher geschah und was nachher folgt, ist unwichtig. In späteren Darstellungen desselben Mythos wird diese Szene, die für die archaische Kunst charakteristisch ist, von anderen Episoden verdrängt. Die Größe der Chimäre wird allmählich reduziert, bis das Ungeheuer schließlich in ein leicht besiegbares Geschöpf umgewandelt ist.

9
Elfenbeinkamm aus Sparta. Zweite Hälfte 7. Jahrhundert v. Chr.
Länge 4,5cm.
Archäologisches Nationalmuseum, Athen. 15525.

Der Kamm ist ein Juwel der Kleinkunst, in der das Flügelroß ebenfalls ein beliebtes Motiv war. Pegasus ist in Reliefform auf der Vorderseite des Kammes dargestellt. Die Figur ist der gegebenen Fläche harmonisch angepaßt. Der Künstler gab ihr die Haltung eines lauernden Hundes oder eines anderen jagenden Tieres, um den Flügel mit seinem spiralförmigen Ende unterzubringen. Dieser Pegasus hat nichts gemein mit den Figuren aus den Werkstätten Lakoniens – der Elfenbeinkamm wurde wahrscheinlich aus Ionien (Ostgriechenland) importiert.

10 nächste Seite
"Melische" *amphora* (Weinkrug)
Etwa 650 v. Chr.
Höhe 97,5 cm
Archäologisches Nationalmuseum, Athen. 911.

Apollo mit Kitarra und Plektron in den Händen, begleitet von zwei Frauen, steht auf einem Streitwagen, der von vier geflügelten Pferden gezogen wird. Die Zügel der Rosse sind an die Kitarra des Gottes gebunden, als ob die edlen Tiere von der göttlichen Harmonie geführt würden. Die weiblichen Figuren sind wahrscheinlich die beiden hyperboreischen Jungfrauen, die aus Apollos heiligem Land im Norden gekommen waren und mit ihm auf der Insel Delos verehrt wurden. Apollo wird von seiner Schwester Artemis, Göttin der Natur und der Jagd, empfangen, die ihm mit einem Hirsch (von rechts) entgegentritt. Das Motiv der Malerei ist wahrscheinlich Apollos Rückkehr aus seinem hyperboreischen Reich, wie sie von den Dichtern der Antike erzählt wird. Die stilisierten Blüten zwischen den Figuren stellen vielleicht den Frühling dar, den der Gott bei seiner Rückkehr in den Süden mitbringt.

17
Schwarzfigurige "chalkidische" *hydria* (Wasserkrug).
Etwa 550 v. Chr.
Höhe 44,6cm.
Akademisches Kunstmuseum, Bonn. 464a.

Die Darstellung des Bellerophon auf Pegasus ist Teil einer Zeichnung, die auch andere mythologische Motive umfaßte. Diese sind jedoch zerstört. Gefäße dieser Art werden allgemein "chalkidisch" genannt, weil das erste Stück in Chalkis (Euböa) gefunden wurde. Herstellungsort und Werkstatt sind aber unbekannt. Die Gefäße könnten irgendwo in Ionien (Ostgriechenland) gefertigt worden sein.

18
Bronzeteller aus Dodona.
Etwa 540 v. Chr.
Länge 21,5cm.
Staatliche Museen, Preußischer Kulturbesitz, Antikenmuseum, Berlin (West). 10588.

Je zwei Flügelrosse rahmen die beiden Griffe des Tellers ein. Das kunstvolle Objekt stammt aus dem heiligen Bezirk von Dodona, wo viele bronzene Votivgaben gefunden wurden. Die gut erhaltene Patina ist besonders bemerkenswert bei Stücken aus massiver Bronze, wie den verzierten Griffen des Tellers. Er wurde wahrscheinlich beim Kult des Zeus Dodonaios als heiliges Gefäß verwendet und ist ein Beispiel für den hohen Standard griechischer Metallarbeiten während dieser Periode.

19
Ionische *situla* aus Tell Defenneh. Etwa 550 v. Chr.
Höhe 46cm.
Britisches Museum, London. 88.2–8.11.

Der obere Teil des Gefäßes ist auf der einen Seite mit der Darstellung des auf Pegasus reitenden Bellerophon und auf der anderen Seite mit der Chimäre geschmückt. Die Farben sind zum Teil vergangen, die eingravierten Konturen und Details aber sind Zeugnis für die eindrucksvolle Formgebung und die hohe Qualität dieses Werks. Bellerophons Kopf ist vollständig zerstört. Er reitet den Pegasus, der die Hauptfigur der Komposition zu sein scheint; das Flügelroß ist so stolz und majestätisch dargestellt, daß es seinen Reiter fast überschattet.

21
Perseus enthauptet Medusa. Metope vom Tempel C in Selinunt (Sizilien).
Kalkstein. Etwa 530 v. Chr.
Höhe 147cm.
Archäologisches Museum, Palermo.

Perseus sieht, während er das Haupt der Medusa abschlägt, von ihr weg, um zu verhindern, daß er in Stein verwandelt wird. Pegasus liegt schon in den Armen seiner Mutter. Athene, neben Perseus, hilft dem Helden bei seiner Aufgabe.

In der sizilischen Kolonie von Magna Graecia war, weit vom griechischen Mutterland entfernt, eine bedeutende Bildhauerschule entstanden. Die Metope ist ein besonders repräsentatives Werk dieser Schule.

Die in Hochrelief ausgeführten eckigen und voluminösen Figuren strahlen große Kraft aus. Die übergroßen Köpfe der Figuren erinnern an ältere Skulpturen; die Gestaltung der Kleider und der heitere Ausdruck in den Gesichtern plazieren das Werk aber in die Zeit großer, tiefgreifender Veränderungen, die in der Kunst des griechischen Mutterlandes etwa um 530 v. Chr. stattfanden.

Kraft und Lebendigkeit des Reliefs müssen ursprünglich noch stärker gewesen sein, da es mit lebhaften Farben bemalt war, die jetzt verblichen sind.

22
Bronzener Pegasus aus Dodona. Etwa 530 v. Chr.
Höhe 14cm.
Archäologisches Nationalmuseum, Athen. 71.

Dieses Flügelroß umrahmte offensichtlich zusammen mit einer ähnlichen Figur die Henkel einer bronzenen Vase. Der fehlende Pegasus ist wahrscheinlich identisch mit dem, der sich heute im Louvre befindet (Nr. MNC 1241); er kam ebenfalls aus Dodona.

23
Marmorner Pegasus. Etwa 500 v. Chr.
Höhe 123cm.
Museum von Thasos, Griechenland.

Die Pegasus-Büste ragt aus einem großen Baustein heraus, der im Heiligtum des Herakles auf der Insel Thasos gefunden wurde. Die Büste gehört zu den wenigen monumentalen Darstellungen des Pegasus, die aus archaischer Zeit erhalten geblieben sind. Die robuste Formgebung des edlen Tieres und die doch feine, anmutige Gestaltung anatomischer Details machen diese Arbeit zu einem Meisterwerk spätarchaischer Kunst.

24
Panatheneische *amphora* (Weinkrug) aus Vulci, Italien. Ein Werk, das dem Kleophrades-Maler nahekommt (500–480 v. Chr.).
Höhe 62,7cm.
Britisches Museum, London. B132.

Eine *amphora* wie diese, die Öl enthielt, übergab man als Preis den Siegern der Panatheneischen Spiele. Die Figur der Athene in voller Rüstung erscheint immer auf der Vorderseite des Gefäßes. Pegasus, das Lieblingspferd der Göttin, ist sehr oft Emblem auf ihrem Schild.

25
Rotfigurige attische *amphora* (Weinkrug).
490–480 v. Chr.
Höhe 79cm. (einschließlich Deckel).
Kunstmuseum, Basel. 418.

Auf der einen Seite des Gefäßes herrscht die Figur der Athene allein und majestätisch über den dunklen Grund. In voller Rüstung, hält sie in der linken Hand einen Weinkrug, in der rechten Speer und Schild. Pegasus zusammen mit anderen Tierprotomen verzieren den Schild als Schildzeichen. Dieses Werk wurde von dem sogenannten Berliner Maler geschaffen, einem der führenden Maler und hochgeschätzten Künstler des frühen fünften Jahrhunderts v. Chr. Es spiegelt die tiefgreifenden Veränderungen im Leben und in der Kunst der Hellenen jener Zeit wider. Ernst und gedankenverloren zeigt die Göttin die reife Haltung einer Generation, die voller Besorgnis zwischen zwei Ereignissen von historischer Bedeutung stand: der Schlacht bei Marathon (490 v. Chr.), die schon stattgefunden hatte, und der bevorstehenden Seeschlacht bei Salamis (480 v. Chr.).

26
Zyprischer Sarkophag aus Golgoi. Frühes 5. Jahrhundert v. Chr.
Höhe 59,2cm.
Metropolitan Museum, New York. 74.51.2451.

Eine der Schmalseiten des Sarkophags zeigt in Flachrelief die Geburt von Pegasus und Chrysaor aus dem Hals der enthaupteten Gorgo. Perseus hat seine Heldentat mit einem mörderischen Instrument vollbracht – der *harpe* (Sichel) und verläßt den Schauplatz mit festem Schritt – nicht wie sonst, in eiligem Flug. Der Held sieht eher aus wie ein Bauer mit seinem Hund. An dem Stock über seiner Schulter hängt nicht ein Korb mit Eßwaren, sondern die *kibisis* (Sack) mit dem grauenerregenden Gorgonenhaupt. Das Werk stammt aus einer vom Mutterland weit entfernten griechischen Kolonie – von der Insel Zypern. Es hat provinziellen Charakter, weicht von der traditionellen Darstellung des Mythos beträchtlich ab, ist aber ein bemerkenswertes Stück spätarchaischer Skulptur. Die ruhige Darstellung und die geringe Zahl der Figuren lassen die dramatische Kunst der folgenden Periode vorausahnen.

27
Schwarzfigurige attische *lekythos* (Ölgefäß) aus Attika. Ein Werk des Diosphos-Malers. Etwa 480 v. Chr.
Höhe 25,7cm.
Metropolitan Museum, New York. 06.1070.

Perseus hat das Haupt der Medusa abgeschlagen und fliegt davon mit seinen geflügelten Sandalen, einem Geschenk der Athene. Aus dem Hals der gestürzten Medusa springt Pegasus. Die übrige weißgrundige Fläche ist mit Palmetten ausgefüllt. Auf dem weißen Grund sind Perseus und Pegasus im alten schwarzfigurigen Stil gemalt, während die Medusa im neuen rotfigurigen Stil gezeichnet ist. Der in der Übergangsphase vom alten zum neuen Stil arbeitende Maler vereint mit Erfolg beide Richtungen. Obwohl Perseus schwarzfigurig ist, sind seine Kleider, dem neuen Stil entsprechend, freifliegend dargestellt. Der neue Stil wird auch bei der Gestaltung der Gorgo deutlich; im Fallen dreht sich ihr Körper. Ihre Flügel aber sind noch in jenem konventionellen Stil gezeichnet, der für die frühen archaischen Werke typisch ist. Trotzdem ist das ästhetische Ergebnis bemerkenswert. Die Flucht des Perseus und der Todeskampf der Medusa sind wunderbar realistisch. Der Vasenmaler ist trotz seines nostalgischen Rückgriffs auf den schwarzfigurigen Stil ein echter Vertreter des neuen Geistes, der die griechische Kunst im frühen 5. Jahrhundert v. Chr. ergriff.

28
Attische schwarzfigurige *pyxis* (Schmuckgefäß) mit Deckel, aus Athen.
Etwa 475 v. Chr.
Höhe 12cm. Durchmesser 13cm.
Louvre, Paris. CA2588.

Die Oberfläche des Deckels zeigt die Geburt des Pegasus aus dem Hals der von Perseus enthaupteten Gorgo. Die Neugeborenen Pegasus und Chrysaor sind rechts und links neben dem kopflosen Körper ihrer Mutter zu sehen. Neben ihnen stehen zwei Schwestern der Gorgo. Perseus, vom Deckelknopf fast verdeckt, wird flankiert von Athene und Hermes, seinen göttlichen Beschützern und Gehilfen. Diese schöne Darstellung des Mythos entstand 50 Jahre, nachdem der schwarzfigurige Stil zu Gunsten des rotfigurigen Stils aufgegeben worden war. Einige Vasenmaler blieben aber offensichtlich der altmodischen Technik treu, während sie von den Errungenschaften des neuen künstlerischen Stils profitierten, der es ihnen ermöglichte, die Bewegung der Figuren freier zu gestalten und die Drapierungen den brüsken Bewegungen der Körper anzupassen. Trotz dieser Neuerungen folgte die Darstellung strikt der archaischen Erzählung mit der ganzen Frische, Naivität und Jugendlichkeit der Kunst des 6. Jahrhunderts v. Chr.

29
Bronzener Spiegelständer, wahrscheinlich aus Korinth. Etwa 460 v. Chr.
Höhe 43,8cm.
Britisches Museum, London. 3209.

Die bronzene Statuette, die wahrscheinlich Aphrodite darstellt, dient als Spiegelgriff; sie steht auf einem Sockel, der von zwei geflügelten Rossen getragen wird. Diese Spiegel wurden als Votivgaben auf die Altäre der Aphrodite gelegt. Herstellungszentrum war Korinth, wo die Göttin besonders verehrt wurde. Das Werk weist auch auf die Verbindung des Pegasus mit dieser Göttin hin, die als "*Pferdezähmerin*", als "*Reiterin*", oder als "*Göttin mit goldenen Zügeln*" verehrt wurde.

E 449

30
Rotfiguriger attischer *stamnos* (Weinkrug). Vom Midas-Maler (er stand dem Polygnotos-Maler nahe). 450–440 v. Chr.
Höhe 38cm.
Britisches Museum, London. E449.

Eos in ihrem von zwei Flügelrossen gezogenen Streitwagen. Die Göttin der Morgenröte fliegt offensichtlich übers Meer (angedeutet durch den Delphin unter den Pferden), um die Ankunft der Leben spendenden Sonne (Helios) auf der Erde zu verkünden. Ihr Name "*Eos*" und der Name des einen Pferdes "La(m)pon", (s. S. 19), sind in den Krug eingraviert. Aus mehreren Gründen wird dieses Werk zu den großen Leistungen der frühen klassischen Kunst gezählt: die statuenhafte Plastizität der Figuren, der gespannte Ausdruck im Gesicht der Göttin, die großartige Darstellung der edlen Tiere, die eine genaue Kenntnis ihres stolzen Wesens enthüllt, und die Anwendung von Verkürzungen, um Raumwirkung zu erzielen.

31
Rotfiguriges attisches *epinetron*. Etwa 430 v. Chr.
Länge 25,5cm. Durchmesser 10,3cm.
Archäologisches Nationalmuseum, Athen. 2179.

Mit diesem Terrakotta-Objekt wurde Wolle kardätscht. Auf der schildförmigen Oberfläche der Frontseite ist der Kampf zwischen Bellerophon und der Chimäre dargestellt. Der tödlich verwundete Ziegenkopf ist schon auf den Rücken des Ungeheuers gefallen, während der Löwenkopf noch dem Angriff des Helden widersteht. Diese klassische Malerei ist erfüllt vom Geist der Parthenon-Ära. Der Konflikt selbst ist nicht mehr länger das Hauptelement der Komposition wie in archaischen Werken. Das Interesse richtet sich jetzt auf die neue Beziehung zwischen den drei Figuren des Mythos. Ihre Augen begegnen sich, und zum erstenmal drücken ihre Blicke die tiefe innere Bindung von Gegnern in einem schicksalhaften Kampf aus.

32 vorige Seite
Attische *hydria* (Wasserkrug). Etwa 425 v. Chr.
Höhe 26cm.
Bibliothèque Nationale, Cabinet des Médailles, Paris. 449.

Im oberen Teil des Kruges ist Pegasus zusammen mit der halbmondförmigen Selene dargestellt; sie ist von Sternen umgeben, die aber zum Teil verblichen sind. Die Malerei ist in Weiß ausgeführt. Das Weiß der Mondsichel zeigt Spuren von Gelb, das wohl das goldene Licht des Mondes deutlich machen soll. Pegasus, offensichtlich als Sternbild gedacht, fliegt durch den Kosmos. Im Gegensatz zu Beschreibungen von Astronomen der spätklassischen und hellenistischen Zeit, ist hier der ganze Körper des Flügelrosses wiedergegeben. Unsicher ist, ob es das von diesen Astronomen identifizierte Sternbild oder einen uns bisher nicht bekannten anderen Himmelskörper darstellt (s. S. 20).

33
Rotfigurige attische *lekythos* (Ölgefäß). Sie wurde auf dem Kerameikos, dem antiken Friedhof von Athen, gefunden. Letztes Viertel des 5. Jahrhunderts v. Chr.
Höhe 10,5cm.
Kerameikos-Museum, Athen. 1017.

Die Figur des Pegasus beherrscht die Vorderseite dieser *lekythos*. Der Körper ist nur zur Hälfte dargestellt. Entweder wollte der Künstler damit andeuten, daß Pegasus aus dem Meer aufsteigt, oder er wollte das Sternbild des Pegasus wiedergeben (s. S. 20).

34
Rotfiguriger böotischer *Kantharos* (Weinschale). Ende 5. Jahrhundert v. Chr.
Höhe 49cm.
Archäologisches Nationalmuseum, Athen. A12482.

Bellerophon, als Ephebe dargestellt, fliegt mit Pegasus übers Meer, das unten durch ein Wellenornament und zwei Delphine angedeutet ist. Die feinen Linien und der gespannte Ausdruck im Gesicht des Helden erinnern an die Epheben des Parthenon-Frieses, von denen der Künstler sich offensichtlich inspirieren ließ.

45
Fragment eines tarentinischen Gnathia-Kraters (Weinmischgefäß).
Vom Konnakis-Maler. 360–350 v. Chr.
Martin-von-Wagner-Museum der Universität Würzburg. H4696–4701.

Die Gefäßverzierung ist in der Technik von Gnathia (Apulien) ausgeführt, d. h. polychrome Malerei auf schwarzem Firnisgrund. Der Giebel des dargestellten Gebäudes ist von einem Akroterion gekrönt, das den auf Pegasus reitenden Bellerophon zeigt. Das Motiv ist eindeutig nach Euripides' Tragödie *Stheneboia* (s. S. 18) gestaltet. Das goldverzierte Gebäude – mit Sicherheit der Palast des Proitos – ist der Bühnenausstattung einer Theateraufführung nachempfunden.

Das für die damalige Zeit charakteristische Werk zeigt die Loslösung der Malerei von der alten zweidimensionalen Auffassung. Auf dem neutralen schwarzen Untergrund bilden die schrägen Linien des perspektivisch gezeichneten Gebäudes einen starken Kontrast. Den Eindruck der Dreidimensionalität vermittelt auch die teilweise sichtbare weibliche Figur, die hinter der geöffneten Palasttür steht. Er wird noch verstärkt durch die scheinbare Bewegung der mittleren und seitlichen Giebelfiguren die schräg gestellt sind, und durch die richtigen Proportionen der Figuren gegenüber der Größe des Gebäudes. Von jener Zeit an ist es den Künstlern ein Bedürfnis, den dreidimensionalen Raum korrekt wiederzugeben.

46
Rotfigurige apulische *oinochoe* (Weinkrug). Zweite Hälfte des 4. Jahrhunderts v. Chr.
Höhe 12,1 cm.
Nationalmuseum, Kopenhagen. 4813.

Pegasus verfolgt die Chimäre (auf dem Bild ist von ihr nur der schlangenförmige Schwanz zu sehen). In Bellerophons Abwesenheit übernimmt Pegasus eine wesentliche Rolle bei der Heldentat – seine aktive Beteiligung ist uns im übrigen schon von Hesiod bekannt (s. S. 19 und Abb. 35). Die voluminöse und muskulöse Darstellung des stolz blickenden Tieres kündigt bereits die grotesken Barockfiguren des 3. Jahrhunderts v. Chr. an.

Der Mythos in hellenistischer und römischer Zeit

Der Mythos in hellenistischer und römischer Zeit

In der gesamten hellenistischen Periode (323–31 v. Chr.) übte der vielgesichtige Mythos des Pegasus immer noch große Anziehungskraft auf Gelehrte und Dichter aus, und die Künstler stellten ihn oft in monumentalen Werken und auf Kleinkunst-Gegenständen dar (Abb. 51).

Gewisse, früher vernachlässigte Aspekte des Mythos – wie die Beziehung des Pegasus zu den Musen und Apollo, der die geistige Erhebung und Inspiration symbolisierte – gewannen in dieser Zeit an Boden. Kallimachos aus Kyrene in Afrika, Dichter und Grammatiker des 3. Jahrhunderts v. Chr., stellte als erster diesen Aspekt heraus. Das Heiligtum der Musen auf dem Berge Helikon blühte in jener Epoche und hielt sich noch bis in spätrömische Zeit. Die Musen, auch Pegasidae genannt, wurden im heiligen Hain des Berges verehrt; er lag nahe bei der Quelle Aganippe, deren Wasser Pegasus mit seinem Huf aus dem Fels geschlagen hatte, wie das Wasser der Hippokrene im selben Berg. Zur gleichen Zeit etwa wurde Pegasus auch zum Symbol des ewigen Quells der Weisheit (*Anthologia Graeca* III, 27; und F. Jacobs X, 233, Horaz *Carmen,* IV, 11, 26).

Im geflügelten Pegasus verband sich die Schnelligkeit des Pferdes mit der Schnelligkeit des fliegenden Vogels; deshalb wurde Pegasus sehr bald zum Symbol für Geschwindigkeit. Boten hießen in späterer Zeit nach ihm *pegasarioi.* Zusätzlich bekam Pegasus noch allegorische Bedeutung. Er symbolisierte den unmittelbaren Ausdruck göttlichen Zorns, hervorgerufen durch frevelhaftes und überhebliches Verhalten, wie das Bellerophons als er versuchte, über menschliches Maß hinaus zu handeln.

Die römische Zeit war geschwängert von griechischer Religion, Kunst, Dichtung und griechischem Denken; dementsprechend faszinierte auch der Mythos die Menschen mit seinen vielfältigen Symbolen und vor allem mit jenen Elementen, die während der hellenistischen Periode überwogen.

Die Darstellung mythischer Geschichten änderte sich, den neuen Eroberungen im Reich der Kunst entsprechend – d. h. dreidimensionale Gestaltung des Raumes und naturalistische oder realistische Wiedergabe. Das Ereignis vollzieht sich in einer Landschafts- oder Architekturkulisse mit Tiefe und Perspektive, mit Ausdehnungen und Verkürzungen (Abb. 45). Die zweidimensionale Darstellung der Figuren vor neutralem Hintergrund oder angedeuteter Landschaft, die in der archaischen und klassischen Zeit typisch sind, werden jetzt durch absoluten Naturalismus ersetzt (Abb. 71). Diese Anreicherung der künstlerischen Ausdrucksmittel, die in der reinen Kunst eine abschwächende Wirkung hat, war das Ergebnis der neuen Lebensart. Die Menschen lebten nicht mehr so naturnahe wie früher in ihren kleinen Städten, sondern drängten sich in großen, lauten Städten zusammen. Solange sie in engem Kontakt mit der Natur lebten, fühlten sie sich als Teil derselben und hatten kein Bedürfnis, sie darzustellen. Die anhaltende Tendenz, die Natur abzubilden, macht den Abstand des Menschen von der Natur und seinen Wunsch, zu ihr zurückzukehren, deutlich. Diese Sehnsucht spricht auch aus den Gedichten Theokrits und anderer pastoraler Poeten der hellenistischen Zeit. Daneben gibt es noch vergleichbare Werke von griechischen und lateinischen Autoren wie Apollodoros, Lykophron, Horaz und Vergil, Verfasser der *Bucolica* und der *Georgica.*

Die im Bild gezeigte Landschaft entspricht jedoch nicht immer der Wirklichkeit. Oft ist es eine Phantasielandschaft mit Göttern, Nymphen, Satyrn und Pan, mit Tempeln und Altären (Abb. 61). Die Sterblichen in ihrer Mitte sind indirekter Ausdruck des Wunsches, vor physischen und moralischen Übeln geschützt zu werden, und nicht zuletzt vor dem Trubel des städtischen Lebens, das sie in seinen Sog gezogen hatte. Dieser Hintergrund bildet den neuen Rahmen für die verschiedenen Phasen des Pegasus-Bellerophon-Mythos in der monumentalen Kunst, in der Kleinkunst und im Handwerk. Bemerkenswert ist, daß die Pegasus-Figur, allein oder mit ihrem heldenhaften Reiter, nicht auf Münzen griechischer Städte beschränkt bleibt, sondern auch auf römischen Münzen der Republik und der Kaiserzeit vorkommt. Städte unter römischer Herrschaft in Afrika, Kleinasien und Spanien übernahmen das Emblem ebenfalls für ihre Münzen. Selbst römische Legionen machten das Pegasus-Symbol zu ihrem Kennzeichen.

Pegasus' Beziehung zu den Musen inspiriert vor allem Künstler, Dichter und Gelehrte jener Zeit (Abb. 77, 78). Eine neue Geschichte, die vor allem durch das Werk des Antoninus Liberalis, Mythenschreiber des 2. Jahrhunderts n. Chr., bekannt wurde, stammt ursprünglich von Nikander aus Kolophon in Ionien (185–135 v. Chr.); er war Dichter, Grammatiker und Priester des Apollo. Er erzählt, daß die Pieriden, die neun Töchter des Pieros, so töricht waren, einen Sängerwettstreit mit den neun Musen vom Berge Helikon zu versuchen. Ihre Niederlage ließ sich nicht vermeiden; als die Musen sangen, lauschten das Meer und die Sterne beglückt, die Flüsse hielten ihre Wasser auf und der Helikon begann himmelwärts zu wachsen. In der Erzählung heißt es, daß Poseidon das Wachsen des Berges anhielt und Pegasus befahl, mit seinem Huf auf den Gipfel zu stampfen, wo dann die Quelle Hippokrene entstand.

Die Menschen hielten an ihrem alten Glauben beharrlich fest; daneben aber breiteten sich Skeptizismus und Rationalismus, die gegen Ende der klassischen Periode zuerst in Erscheinung traten, immer mehr aus, hauptsächlich unter den Intellektuellen jener Zeit. Paläphatos, ein Gelehrter des 4. Jahrhunderts n. Chr., dessen Werk *De Incredibilibus* auf viel frühere Quellen zurückgriff, nahm den Helden die Aura des Mythos und interpretierte sie in Begriffen des rationalen Denkens. Für ihn hatte es den geflügelten Pegasus nie gegeben, und er konnte auch nicht geflogen sein, selbst nicht mit den Flügeln sämtlicher Vögel. Seiner Meinung nach war Pegasus nur ein schnelles, schönes Schiff, das Bellerophon nach Lykien trug.

Plutarch (1. Jahrhundert n. Chr.) sagt in seinem Werk "*Über die Tugenden der Frauen*", daß die Chimäre kein feuerspeiendes Ungeheuer war, sondern ein Vulkan. Bellerophons Heldentat wird ähnlich erklärt. Lukian, ein Sophist des 2. Jahrhunderts n. Chr., hält den Helden für einen Astronomen: "*Dass er ein fliegendes Pferd hatte, glaube ich nicht, sondern nehme an, dass er seiner Weisheit nachgab, seine Gedanken auf den Himmel richtete und Zwiegespräche mit den Sternen führte, und dass er so nicht mit Hilfe seines Pferdes zum Himmel aufstieg, sondern mit Hilfe seines Geistes*" (*Astrologie*, 13).

Trotz dieser Tendenz zur rein rationalen Auslegung des Mythos mit ihrer ernüchternden Wirkung auf das menschliche Herz, ließen andere Gelehrte und Künstler sich nicht davon zurückhalten, mit den Flügeln des Pegasus zu fliegen. Sie wurden nicht nur von den alten, durch heroische Figuren verkörperten Symbolen inspiriert, sondern auch von neuen Symbolen, die von den alten abgeleitet waren. Bellerophons Flug zum Himmel verlor die Bedeutung bestrafter Überheblichkeit und galt stattdessen als die Erhebung des Menschen in die göttliche Sphäre, als seine *apotheosis* (Abb. 59). Bellerophon reitet nicht mehr allein den Pegasus: Römische Kaiser und alle diejenigen, die eine Stadt als Helden oder Götter verehren wollte, ritten das Flügelroß. Der Dichter Claudianus preist Anfang des 5. Jahrhunderts Honorius in seinem Werk *Panegeric*: "*Pegasus selbst hat dir seine Flügel geliehen und war beglückt, dich zu tragen, und jetzt, da ein mächtigerer Reiter (Honorius) ihn lenkte, wandte er sich in stolzer Verachtung ab von Bellerophons Zügeln.*"

Bei anderen Gelegenheiten wird der Kaiser mit Bellerophon identisch. Auf den sogenannten Kontorniaten, Gedenkmünzen des frühen 4. Jahrhunderts, ist der Held, der mit Pegasus gegen die Chimäre kämpft, der heroisierte Kaiser selbst, der über die Feinde Roms triumphiert (Abb. 74). Die Heroisierung der Sterblichen kommt der Auffassung von ihrer Unsterblichkeit sehr nahe. Die Darstellung des Mythos auf Sarkophagen und anderen Kunstwerken hängt mit dem Glauben an ein Weiterleben der Verstorbenen zusammen, zu deren Gedenken die Werke geschaffen wurden (Abb. 70).

Ausgehend von der Stheneboia-Episode, dehnt sich der Symbolgehalt des Mythos auch auf moralische Werte aus. Unter anderem personifiziert der göttliche Reiter den Sieg der Tugend und der reinen Liebe über das schwache Fleisch (Abb. 72, 73). Diese Bedeutung hatte auch das Emblem auf der Münze, die Alexander Severus nach seinem Sieg über den sündigen Heliogabal (222 n. Chr.) prägen ließ. (Vgl. Abb. 74 mit Kontorniat des 4. Jahrhunderts, auf dem dasselbe Thema behandelt wird.) Die Münze zeigt den siegreichen Cäsaren auf Pegasus; er überwältigt die Chimäre und symbolisiert, daß die Suche nach Befriedigung durch Wollust nichtig ist.

In spätrömischer Zeit wird der Symbolgehalt der Taten und Tugenden des Helden noch eindringlicher. Palladas, ein Dichter, der in der zweiten Hälfte des 4. Jahrhunderts n. Chr. lebte, schreibt über den Gelehrten Yessios, der sich, genau wie Bellerophon, nicht an menschliche Grenzen hielt (Anthol. Palatina 7, 683): "*Der weiseste unter den sieben weisen Männern hat gesagt, '(tue) nichts im Übermass'; aber du, Yessios, der du dich nicht daran hieltest, hast dafür bezahlt; obwohl du ein Gelehrter warst, warst du ein Unwürdiger, weil du, überheblich, zum Himmel aufsteigen wolltest. Pegasus richtete Bellerophon zugrunde, als er versuchte, die von den Sternen aufgestellten Gesetze zu erkunden.*" Die Taten Bellerophons und anderer mythischer Helden wurden vom Christentum übernommen und unter den Symbolen der neuen Religion eingereiht. Die Bemerkungen des byzantinischen Gelehrten Ioannes Logothetes über das Werk "*Über die Methoden der Intensität*" des Predigers Hermogenes, 2 Jahrhundert n. Chr., sind charakteristisch für die byzantinische Ära. Er läßt Bellerophon folgende Worte sprechen: "*Kein Fremder kann ein krankendes Haus beschimpfen, wenn er die schreckliche Liebe verachtet, die den Sterblichen vernichtet; auf der Erde gibt es zwei Arten von Liebe: die eine, unser schlimmster Feind, führt zum Tode; die andere führt uns zur Tugend und zum guten Leben*". Diese Worte stammen jedoch ursprünglich aus der Tragödie *Stheneboia* von Euripides, der den Mythos als erster mit dieser Auslegung bereicherte.

47
Süditalienischer Teller. Zweite Hälfte des 4. Jahrhunderts v. Chr.
Höhe 41cm.
Museum von Tarent, Italien. 398.9487.

Ein düster dreinschauender Bellerophon mit einem Hut auf dem Kopf reitet den Pegasus. Er hat den Speer erhoben, um die Chimäre zu töten, die aus ihren drei Mäulern Feuer speit. Die Verwendung von weißer Farbe für die Flügel des Pegasus, für verschiedene andere Teile der Figuren und für die Blumenornamente macht die Komposition lebendig und pittoresk.

48
Oinochoe (Weinkrug) aus Gnathia. Ende 4. Jahrhundert v. Chr.
Höhe 29,5cm.
Louvre, Paris. H593.

Die weiße Farbe der Figuren, die für die in der Gnathia-Technik in Süditalien hergestellten Gefäße charakteristisch ist, hat bei diesem Krug Schaden gelitten. Trotzdem ist Bellerophon auf Pegasus noch zu erkennen; er kämpft gegen die Chimäre (im Bild ist nur der Rücken des Ungeheuers sichtbar). Der Vogel rechts von Bellerophon und ein Greif daneben (er ist hier nicht zu sehen) haben mit dem Hauptmotiv nichts zu tun.

49
Goldener Ring aus Reggio (Italien). 4. Jahrhundert v. Chr.
Durchmesser 2,2cm.
Britisches Museum, London. 84.

Die Oberfläche des Ringes ist mit einem geflügelten Hippokamp geschmückt; ein handwerkliches Meisterstück.

50
Karneol-Ringstein. 4. Jahrhundert v. Chr.
Abmessungen: 13 × 9mm.
Staatliche Museen zu Berlin (Ost), Antikensammlung

Zwei geflügelte Pferde stehen längsseits nebeneinander, aber nur zwei Flügel sind dargestellt.

51
Marmorrelief. Ende 3. Jahrhundert v. Chr.
Höhe 37cm.
Museum der Bildenden Kunst, Budapest. 81.

Das Relief zeigt Bellerophons Zähmung des Pegasus. Die beiden Hauptfiguren des Mythos, der den nie endenden Kampf zwischen Mensch und Tier symbolisiert, werden immer wieder in einem neuen Zusammenhang dargestellt. Je nach dem künstlerischen Trend der jeweiligen Epoche und der jeweiligen Schule, bekommt der Mythos einen episch erzählenden, einen lyrischen oder einen tragischen Charakter. Manchmal liegt die Betonung auf der Heldentat des gottgeborenen Menschen, manchmal liegt sie auf der Kraft des großen, unbezähmbaren Tieres, das nur mit göttlicher Hilfe dem Menschen unterworfen wird. In anderen Fällen, wie bei diesem Relief, sind die beiden Gegner, an Kraft und Größe ebenbürtig, in einen gnadenlosen Kampf verwickelt: die unbezähmbare Kraft des Tieres steht dem unbeugsamen Willen des Menschen gegenüber. Bellerophon, der den Pegasus fest im Griff hat und ihn auf die Knie zwingt, ist im Begriff, dem Pferd mit der rechten Hand die Trense ins Maul zu legen. Im Gegensatz zu früheren Darstellungen, stehen sich die beiden Gegner nicht mit Abstand gegenüber, sondern kämpfen Körper an Körper. Das Relief wirkt wie losgelöst vom Hintergrund; der voluminöse Körper scheint frei im Raum zu schweben.

Das kleine Marmorrelief ist ein hervorragendes Beispiel vollendeter hellenistischer Skulptur; zweifellos wurde es von einem Monumentalwerk beeinflußt. Der Kampf zwischen Bellerophon und Pegasus hat sich zur kosmogonischen Auseinandersetzung zweier physischer Kräfte gewandelt: der unkontrollierbaren Macht der wilden Natur und des Urmenschen, Nachfahre des "*Herrn der wilden Tiere*".

52
Diadem einer keltischen Prinzessin. Aus Vix, Côte d'Or.
Ende 6. Jahrhundert v. Chr.
Museum von Châtillon-sur-Seine, Frankreich.

Das Diadem, eine graeco-skythische (?) Handwerksarbeit, ist an beiden Enden mit einem betont realistischen Pegasus geschmückt. Das Flügelroß-Motiv hatte sich also schon sehr früh bis nach Mittelfrankreich ausgebreitet.

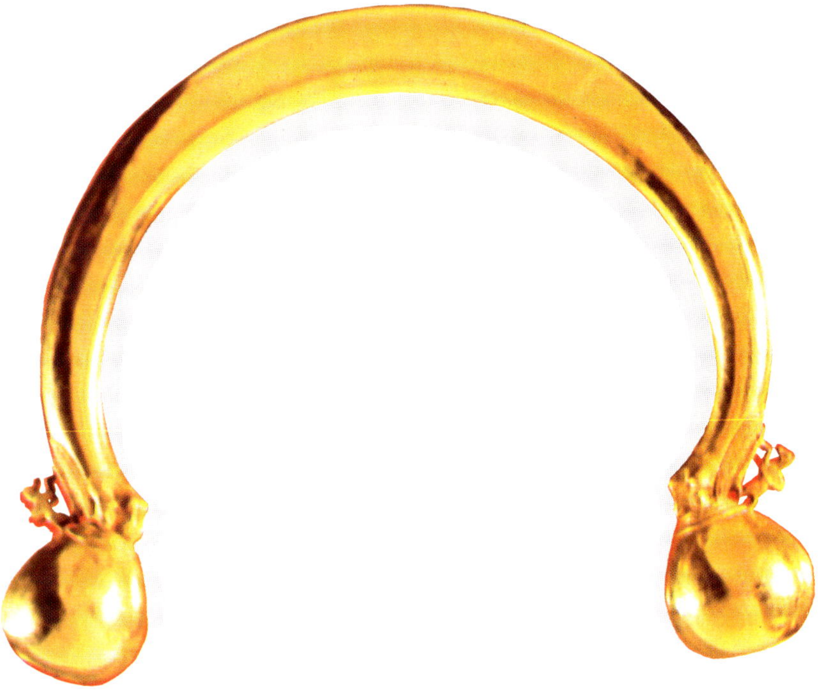

53
Schwarzfigurige etruskische *oinochoe* (Weinkrug). Mitte 5. Jahrhundert v. Chr.
Archäologisches Museum, Florenz. 3780.

Zwei geflügelte Rosse entspringen dem Hals der enthaupteten Gorgo. Unbekannt ist, ob eines der beiden Pferde Chrysaor darstellen soll oder ob der Maler eine andere, uns nicht bekannte Version des Mythos im Sinn hatte. In dieser monumentalen Darstellung sind die anderen Figuren des Mythos (Perseus, Athene usw.) weggelassen. Der riesige Körper der Gorgo, die sich wie Gaia aus den Tiefen der Erde zu erheben scheint, beherrscht die Szene. Ihre Söhne in Pferdegestalt entwachsen dem Körper in entgegengesetzten Richtungen, wie die Äste eines gigantischen Baumes. Sie füllen den oberen Teil der bemalten Fläche aus.

54
Schwarzfigurige etruskische *hydria* (Wasserkrug) aus Vulci. Drittes Viertel des 6. Jahrhunderts v. Chr.
Höhe 40,6cm.
Britisches Museum, London. B63.

Die Oberfläche des Kruges ist mit mehreren mythischen Figuren in aufeinander folgenden Bändern bemalt. Pegasus, verfolgt von einem Zentauren, ist die beherrschende Figur. Neben den Flügeln am Körper hat er auch noch kleine Flügel an allen vier Beinen. Diese Auffassung des Pegasus mit geflügelten Beinen wurde auch von der mittelalterlichen Kunst übernommen; siehe auch Abb. 103. Die Verbindung der mythologischen Figuren in der etruskischen Kunst ist jedoch schwer zu interpretieren.

55
Etruskische Terrakotta-Giebelfigur aus Cerveteri, Italien.
Anfang 5. Jahrhundert v. Chr.
Höhe 47cm.
Museo Gregoriano, Vatikan. 14130.

Die Giebelfigur in Form einer Pegasusbüste zierte einen Tempel in Caere. Sie erinnert an eine andere zeitgenössische Skulptur, die auf griechischem Boden geschaffen wurde: den marmornen Pegasus von Thasos, ebenfalls ein monumentales Werk der Architektur (s. Abb. 23). Dieses Beispiel macht deutlich, in welch hohem Maße die Etrusker griechische Kunst und Religion assimilierten.

14130

59
Die große Kamee aus der Zeit des Tiberius (14–37 n. Chr.)
Abmessungen 31 × 26,5cm.
Bibliothèque Nationale, Cabinet des Médailles, Paris.

Das Mittelfeld der Kamee zeigt Kaiser Tiberius und seine Mutter Livia, umgeben von Mitgliedern der kaiserlichen Familie. Im unteren Feld repräsentative Vertreter der von Rom beherrschten Völker. Die Figur mit Toga, Krone und Zepter im oberen Feld stellt den vergöttlichten Augustus dar. Die Figur in asiatischer Kleidung, die den Globus hält, ist wahrscheinlich Äneas oder sein Sohn Ascanius, mythischer Vorfahre des julischen Hauses; er betrachtet den Reiter des Pegasus, einen gekrönten Jüngling in voller Rüstung. Der Reiter stellt den heroisierten Marcellus – Sohn von Augustus' Schwester Octavia und seinem eigenen Adoptivsohn – dar, der mit zwanzig Jahren starb. In der Antike galt der Wunsch, den Himmel zu erreichen, als Überheblichkeit, die unweigerlich von den Göttern gestraft wurde; hier reitet der Prinz das Flügelroß und erhebt sich damit zu den Göttern. Mit anderen Worten, was ursprünglich Symbol menschlicher Unmäßigkeit war, hat sich zum Symbol der Apotheose gewandelt.

60
Gemme aus imitiertem Amethyst. 1. Jahrhundert n. Chr.
Abmessungen 2,6 × 2cm.
Britisches Museum, London. 318.

Bellerophon reitet den Pegasus (oben) und schleudert seinen Speer gegen die Chimäre (unten). Die Gemme ist ein Beispiel für den hohen Standard der Kleinkunst in griechisch-römischer Zeit. Selbst große Künstler schufen zahllose kleine Gegenstände, die Meisterwerke der Gestaltung und vollendeten handwerklichen Könnens sind.

61
Fresko. 40–63 n. Chr.
Abmessungen 47 × 54 cm.
Pompeji. 1, 8, 8.

Bellerophon zähmt mit Athenes göttlicher Hilfe den Pegasus. Dieses Werk, einer unbekannten griechischen Vorlage nachempfunden, erinnert auf den ersten Blick an das Budapester Relief (Abb. 51). Bei genauerer Betrachtung schälen sich jedoch wesentliche Unterschiede zwischen den beiden heraus. Der Eindruck der Dreidimensionalität, der beim Budapester Relief von dem wilden Kampf der beiden Figuren ausgeht, wird hier durch äußere Merkmale geschaffen: die beiden Figuren stehen getrennt nebeneinander; das Gefühl der Tiefe vermittelt die felsige Landschaft im Hintergrund. Außerdem ist der Triumph des Helden nicht mehr länger das Ergebnis seines eigenen Mutes und seiner Körperkraft, sondern der aktiven göttlichen Hilfe. Die in jener Zeit vorherrschende Strömung tiefer Gläubigkeit spiegelt sich in zeitgenössischen Kunstwerken, besonders in den Fresken von Pompeji.

62
Athenische Tetradrachmen im neuen Stil. 2.–1. Jahrhundert v. Chr.
Archäologisches Nationalmuseum, Münzsammlung, Athen.

Diese Münzen zeigen den Kopf der Athena Parthenos mit dem Pegasus auf ihrem Helm, nach dem Originalwerk des Phidias (s. S. 19).

63
Korinthische Bronzemünze mit den Namen von Duoviri. 46–44 v. Chr.
Archäologisches Nationalmuseum, Münzsammlung, Athen.

Oberseite: Kopf von Julius Cäsar.
Rückseite: Bellerophon reitet den Pegasus.

64
Korinthische Bronzemünze. Etwa 46–44 v. Chr.
Britisches Museum, London.

Oberseite: Bellerophon ergreift vor einer Säulenhalle – vielleicht der Brunnen Peirene – die Zügel des Pegasus.
Rückseite: Poseidon sitzt, den Dreizack in der Hand, nackt auf einem Fels.

65
Korinthische Bronzemünze. Etwa 138–161 n. Chr.
Archäologisches Nationalmuseum, Münzsammlung, Athen.

Oberseite: Kopf von Antoninus Pius.
Rückseite: Bellerophon zähmt den Pegasus.

66
Korinthische Bronzemünze. Etwa 161–169 n. Chr.
Archäologisches Nationalmuseum, Münzsammlung, Athen.

Oberseite: Kopf von Lucius Verus.
Rückseite: Bellerophon auf Pegasus kämpft gegen die Chimäre; Bellerophon nimmt den größten Teil der Münzfläche ein, während die Chimäre zu einem harmlosen kleinen Tier geworden ist.

67
Korinthische Bronzemünze. 169–180 n. Chr.
Archäologisches Nationalmuseum, Münzsammlung, Athen.

Oberseite: Büste von Marcus Aurelius.
Rückseite: Bellerophon auf Pegasus kämpft gegen die Chimäre. Bellerophon beherrscht mit seinem Flügelroß das Feld; die Chimäre ist zu einem unbedeutenden kleinen Wesen geworden.

68
Marmorstatue der Athena Farnese.
Höhe 224cm.
Nationalmuseum, Neapel. 6024.

Diese römische Kopie wurde möglicherweise zur Zeit Hadrians (117–138 n. Chr.) nach einem griechischen Original (430–420 v. Chr.) geschaffen; vielleicht nach der berühmten Statue der Athena Hygieia von Pyrrhus, einem Zeitgenossen des Phidias. Zwei geflügelte Pferde, links und rechts neben der Sphinx, schmücken den attischen Helm der Göttin, wie bei der Gold-Elfenbein-Statue der Athene von Phidias (s. S. 19).

69
Atlas Farnese. Römische Kopie nach einem hellenistischen Original.
Aus der Zeit Hadrians (117–138 n. Chr.).
Höhe 190cm.
Nationalmuseum, Neapel. 6374.

Die Statue wurde 1556 beim Kloster Santa Lucia gefunden. Das Gesicht, Teile des Kopfes, Beine und Arme fehlten; sie wurden später restauriert. Atlas trägt die Himmelskugel auf seinen Schultern. Auf der Oberfläche der Kugel sind die seit dem 4.–3. Jahrhundert v. Chr. von Astronomen identifizierten Sternbilder, die bis zum heutigen Tage dieselben Namen tragen, in Relief dargestellt. Neben anderen personifizierten Sternbildern, ist Pegasus als Büste eines Flügelrosses wiedergegeben (s. S. 20, Abb. 33). Das bedeutende Monument der antiken Astronomie wurde sofort nach seiner Entdeckung berühmt; seitdem ist es sowohl von Künstlern als auch Astronomen oft kopiert worden.

70 nächste Seite
Kleiner Marmorsarkophag. Etwa 150 n. Chr.
Länge 91 cm. Tiefe 52 cm. Höhe 44 cm.
Archäologisches Nationalmuseum, Athen. 1189. Aus Lykien.

An der Hauptseite des Sarkophags senkt Pegasus den Kopf zum Trinken. Bellerophon hält mit der rechten Hand die Zügel des Pferdes; in der Linken hält er die Tafel für Iobates, den König von Lykien. Die sitzende Frau am linken Ende und der ihr gegenüberstehende Mann sollen wahrscheinlich Stheneboia und ihren Gatten Proitos, König von Tiryns, darstellen. Die Mittelgruppe – Aphrodite stützt sich auf einen von Cupido gehaltenen Schild – soll Stheneboias Liebe zu Bellerophon andeuten, stört aber die Geschlossenheit der Komposition. Dieser Eindruck wird noch durch Bellerophons Haltung – er dreht den anderen Figuren den Rücken zu – unterstrichen. Der Künstler wollte offensichtlich den Abschied Bellerophons vom Palast des Proitos darstellen und griff dafür auf Motive nach drei verschiedenen Originalen zurück: das erste rechts ist eine Nachahmung des Palazzo-Spada-Reliefs (Abb. 71), das zweite links wurde einem gewöhnlichen Grabdenkmal mit einer sitzenden Frau und einem stehenden Mann nachempfunden, und das dritte in der Mitte entspricht dem Stil der Aphrodite von Capua und der ihr ähnlichen Nike von Brescia. Der Bildhauer hat sich allerdings nicht darum bemüht, die drei Gruppen zu einer Einheit zu verschmelzen.

71
Marmorrelief. Etwa 140 n. Chr.
Abmessungen 175 × 110 cm.
Palazzo Spada, Rom.

Pegasus trinkt an der Quelle Peirene; Bellerophon, in sich versunken, hält die Zügel. Die Landschaft, angedeutet durch einen Baum und einen Fels, dem die Quelle entspringt, spiegelt die künstlerische Richtung einer Zeit wider, die ländliche Atmosphäre bevorzugte. Das Relief ist mit Sicherheit nach einem Original aus dem 5. Jahrhundert v. Chr. gestaltet, das aber keine Hintergrundszenerie hatte und auch den Gegensatz zwischen Mensch und Tier betonte.

72
Mosaik von Parndorf. 3. Jahrhundert n. Chr.
Landesmuseum Eisenstadt, Österreich.

In dem polychromen Mosaik ist Bellerophon dargestellt; er reitet einen stolz blickenden Pegasus und tötet die Chimäre mit seinem Speer. Im Gegensatz zu den klassischen Darstellungen des Motivs (s. Abb. 31), begegnen sich die Augen der Kämpfenden hier nicht. Das Interesse richtet sich nicht mehr länger auf das tragische Element der inneren Beziehung zwischen den Figuren. Bellerophons Mantel flattert triumphierend im Wind, sein ruhiger Blick ist auf den Betrachter gerichtet; er scheint in Gedanken versunken. Das Gewicht hat sich vom siegreichen Kampf – dem beherrschenden Ideal der klassischen Kunst – auf den Sieg des Helden, der in römischer Zeit die Ideale Tugend und Weisheit verkörpert, nach dem Kampf verlagert.

73
Marmorner *trapezophoros* (Tischträger).
4. Jahrhundert n. Chr.
Höhe 121 cm. Breite 76 cm.
Archäologisches Nationalmuseum, Athen. 2706.

Die Skulptur hat anscheinend als Stütze für einen Grabtisch gedient. Bellerophon, Pegasus und die Chimäre lehnen an einem Baumstamm, dem Fuß des Tisches. Wahrscheinlich handelt es sich bei der Gruppe um die armselige Kopie irgendeiner freistehenden, monumentalen Skulptur. Bedingt durch die geringe zur Verfügung stehende Höhe, ist Pegasus, im Vergleich zu seinem Reiter unverhältnismäßig klein geraten. Der mittelmäßige Handwerker, der diese Gruppe schuf, gab den Augen des Helden, des Pegasus und sogar der Chimäre jenen träumenden Blick voll metaphysischer Erwartungen, der für die Figuren der spätrömischen Kunst so charakteristisch ist.

74
Bronzener *Kontorniat*. Erste Hälfte des 4. Jahrhunderts n. Chr.
Britisches Museum, Münzsammlung, London

Der Kontorniat gehört zu einer Gruppe von münzenförmigen Medaillen, die in spätrömischer Zeit in Umlauf gebracht wurden; sie sollten die Wiederbelebung des Heidentums unterstützen. Auf der einen Seite der Medaille waren ruhmreiche historische oder mythologische Gestalten der Vergangenheit abgebildet, die das kulturelle Erbe vertraten. Auf der anderen Seite waren die "guten Cäsaren" abgebildet, deren Tugenden und Leistungen auf diese Weise gepriesen wurden. In einigen Fällen ist der Cäsar auch mit dem mythologischen Helden, der die große Tat vollbringt, gleichgesetzt.

Der Kontorniat hier zeigt auf der Vorderseite die Büste von Kaiser Alexander; auf der Rückseite übernimmt der Cäsar die Rolle Bellerophons und besiegt die Chimäre, das personifizierte Böse.

Selbst nach der Vorherrschaft des Christentums prägten die ersten Kaiser von Byzanz noch Kontorniaten, um ihre Werke in Form von Mythen unsterblich zu machen. Christliche Hagiographen ließen sich davon inspirieren: ihre Heiligen töteten den Drachen zu Fuß und zu Pferde. Siehe S. 67.

75
Römische Terrakotta-Lampe. Mitte 2. Jahrhundert n. Chr.
Thorvaldsenmuseum, Kopenhagen. 175.

Die kleine Lampe ist mit einem Relief verziert; es stellt Bellerophons Zähmung des Pegasus dar.

76
Mosaik. 2. Jahrhundert n. Chr.
Größe 333 × 118cm.
Leptis Magna, "Villa del Nilo", Tripolis, Libyen.

Das Mosaik zeigt Pegasus auf dem Berge Helikon. Das geflügelte Pferd steht im klaren Wasser der Quelle und wird von vier Nymphen gewaschen und geschmückt. Zwei Nymphen legen ihm Blumengirlanden um Kopf und Brust. Links ein fliegender Cupido mit einer Krone, späteres Symbol der dichterischen Triumphe des Pegasus. Das polychrome Mosaik ist zweifellos die Kopie eines hellenistischen Gemäldes oder Mosaiks.

77
Mosaik. Etwa 350 n. Chr.
Größe 396 × 305cm.
Römische Villa, Lullingstone, Kent, England.

Im Mittelfeld des polychromen Mosaiks tötet Bellerophon auf dem Rücken des Pegasus die Chimäre mit seinem langen Speer. Das Ungeheuer ist zu einem unbedeutenden kleinen Tier geworden, die Flügel des Pegasus sind atrophisch und Bellerophons Haltung ist nonchalant. In den Randgebieten des Römischen Reiches wurde das Motiv in ein rein dekoratives Element der römischen Villa verwandelt; es strahlte weder Kraft noch Heldenhaftigkeit aus. Die vier Ecken des Mosaiks sind mit den Büsten der personifizierten Jahreszeiten ausgefüllt; sie umrahmen den mythischen Reiter und weisen auf eine allegorische Deutung hin, die bei den Scholiasten von Hesiod gefunden wurde. Diese Deutung gewann erst in römischer Zeit Popularität, obwohl sie der griechischen Antike entstammte. Danach symbolisiert die Chimäre den Winter und der Pegasus die Sonne. Bellerophon als ausführende Kraft der Sonne greift den Winter an und ordnet den Ablauf der vier Jahreszeiten, von deren personifizierten Darstellungen er in diesem Mosaik umgeben ist.

78
Fragment eines Terrakotta-Tabletts. Frühchristlich (5. Jahrhundert n. Chr.)
Größe 30 × 40 cm.
Ägyptisches Museum, Kairo. 42742.

Das Tablett ist mit einem Flachrelief verziert: Pegasus wird von den Musen versorgt. Im Mittelfeld sind drei Musen dargestellt; zwei von ihnen waschen Pegasus mit großer Sorgfalt, die dritte hält ihm eine Schale mit Futter oder Wasser hin. Der Cupido unter der Schale hat die linke Hand am kettenähnlichen Zügel des Pegasus und hält in der rechten einen Palmzweig. Der Rand des Tabletts ist mit Jagdszenen geschmückt. Diese Arbeit ist eins der besten Beispiele für das Weiterleben des Pegasus-Mythos nach der griechisch-römischen Zeit. Die besondere Verbindung des geflügelten Pferdes zur Dichtung, zu Apollo und den Musen tauchte in verschiedenen Variationen in frühchristlicher Zeit ebenso auf wie im Mittelalter und in der Neuzeit.

Der Mythos vom Mittelalter bis zur Gegenwart

79
Koptisches Gewebe aus Ägypten. 5.–6. Jahrhundert n. Chr.
Größe 32 × 28,5 cm.
Benaki-Museum, Athen. 7002.

Pegasus ist ohne seinen Reiter dargestellt. Das Bild vereint Merkmale der persisch-sassanidischen und der griechischen Kunst.

80/81
Wasserkrug aus vergoldetem Silber vom Horyuji (Tempel) in Nara.
Tang-Dynastie (China), 7. Jahrhundert n. Chr.
Höhe 49,8 cm.
Nationalmuseum, Japan.

Dieser Wasserkrug, der mit Flügelrossen verziert ist, stammt aus Japan oder – was wahrscheinlicher ist – aus China. Die Chinesen nannten Gefäße dieser Art "*Wasserkannen der Barbaren des Westens*", weil sie in der Form persisch-sassanidischen Kannen nachgeahmt waren. Ungeklärt ist, ob das Motiv des geflügelten Pferdes von griechisch-römischen Prototypen stammt oder ob es unabhängig davon in China und Japan aufkam, wo die Zähmung und die Mythologie des Pferdes genauso lange zurückliegen wie in Südosteuropa und im Nahen Osten.

82
Das Veroli-Kästchen aus Konstantinopel. 10.–11. Jahrhundert n. Chr.
Größe 11,5 × 40,5cm.
Victoria and Albert Museum, London. 216–1865; früher Domschatz in Veroli bei Rom.

Dieses Kästchen ist unter den vielen aus der Zeit des Mittelalters erhalten gebliebenen byzantinischen Elfenbeinarbeiten eine der schönsten. Auf allen Seiten ist das Stück mit geschnitzten mythologischen Szenen verziert; die Inspiration ging von der Literatur und der ikonographischen Tradition der Antike aus. Die linke Darstellung zeigt (rechts) Bellerophon und Pegasus, der an der Quelle Peirene trinkt; sie ist personifiziert als Frau an einer Säule. Komposition und Gestaltung der Figuren in dieser Gruppe basieren auf griechisch-römischen Vorbildern, von denen viele noch erhalten sind (s. Abb. 70,71). Im selben Bild sind (links) Helena und ihr Bruder Kastor (oder Phädra und Hippolytos) dargestellt; ein Cupido zieht einen Dorn aus Helenas (oder Phädras) Fuß; in ihrer Haltung spiegeln sich zwei sehr bekannte klassische Originale wider: die sandalenlösende Aphrodite und der Dornauszieher. Die rechte Darstellung zeigt das Opfer der Iphigenie, wahrscheinlich inspiriert von einer verlorengegangenen Illustration nach Euripides' Tragödie "*Iphigenie in Aulis*". Motive und Figuren der übrigen Schnitzereien des Kästchens sind ebenfalls der antiken Mythologie und Kunst entlehnt. Diese schöne Arbeit ist ein Beispiel für die Wahrung klassischer Tradition, sowohl der literarischen als auch der künstlerischen, während der gesamten byzantinischen Ära.

83
Russisches Kirchenbanner. Moskauer Schule. 1550 n. Chr. Sammlung Dr. S. Amberg, Ettiswil, Schweiz.

Dieses apokalyptische Bild ist einzigartig in Zeichnung, Bewegung und Farbe. Erzengel Michael, in voller Rüstung und mit Krone, bläst die Trompete; in der linken Hand hält er das Evangelium, in der rechten Weihrauchfaß und Speer. Sein Fuß ruht auf einer kleinen Wolke, die als Steigbügel dient. Mit einem Flügelroß, das an Pegasus erinnert, fliegt er über eine zerstörte Stadt. Dieser neue Bellerophon tötet nicht die Chimäre, sondern ein menschenähnliches Ungeheuer, Satan; das zweite Gesicht auf dem Unterleib symbolisiert Satans weltliche, chaotische Natur. Dieses moralisierende christliche Motiv wurde zweifellos dem griechischen Mythos nachempfunden.

84
Postbyzantinische Ikone. Etwa 1645.
Größe 78 × 50cm.
Sammlung Dr. S. Amberg, Schweiz.

Die Darstellung, die den größten Teil der Ikone ausfüllt, zeigt den Propheten Elias, wie er in einem von vier Flügelrossen gezogenen Wagen gen Himmel fährt. Zwei Szenen aus dem Leben des Propheten nehmen einen kleinen Raum unter dem Hauptmotiv ein. Der Hagiograph machte keinen Versuch, die Figuren perspektivisch darzustellen; er hielt sich stattdessen an die Regeln der byzantinischen Hagiographie, für die fehlende Tiefe, streng symmetrische Anordnung der Figuren und konventionelle Szenerie charakteristisch ist. Trotzdem strahlt die Komposition Kraft und Lebendigkeit aus.

85 *nächste Seite*
Russische Ikone. Nowgoroder Schule.
16. Jahrhundert.
Größe 35 × 25,5cm.
Ikonen-Museum Recklinghausen, Deutschland.

In einer Feuerwolke fährt Prophet Elias zum Himmel auf; sein Wagen wird von vier geflügelten Pferden gezogen. Ganz eindeutig besteht eine Verbindung zwischen diesem Motiv und den Göttern des heiligen Feuers und des Lichts, Zeus und Helios, die sich auch geflügelter Pferde bedienten. Zwei Episoden aus dem Leben des Propheten sind im unteren Teil der Ikone dargestellt.

86 *übernächste Seite*
Russische Ikone. Ende 17. Jahrhundert.
Größe 45 × 33,5cm.
Privatsammlung Dr. D. Oikonomou, Athen.

Erzengel Michael auf einem Flügelroß tötet den Drachen (s. Abb. 83).

85

86

87
Miniatur aus einer illuminierten Handschrift.
8.–9. Jahrhundert (karolingisch).
Universitätsbibliothek Leiden, Holland.

Der astronomische Text der Handschrift basiert auf dem Werk des Aratos. In Übereinstimmung mit seiner Beschreibung ist Pegasus in der Miniatur als Halbfigur dargestellt, genauso wie auf dem Himmelsglobus des Atlas Farnese (s. Abb. 69).

38
Pegasus-Miniatur.
Größe 26,3 × 18,2 cm.
Bodleian Library, Oxford.
Manuskript Marsh 144.

Diese Illustration stammt aus einem Sternbilder-Buch, einer der ältesten illuminierten islamischen Handschriften; dabei handelt es sich um eine Kopie vom *Buch der Fixsterne* des berühmten arabischen Astronomen Abd al-Rahman b. Umar al-Sufi (903–986). Die Kopie wurde von dessen Sohn, Al-Husain b. Abd al-Rahman b. Umar b. Muhammad, angefertigt. Das *Buch der Fixsterne* basiert auf den Teilen VII–5 und VIII–1 des klassischen Werkes *Mathematica Syntaxis* (allgemein *Almagest* genannt) von Ptolemäus, dem griechischen Astronomen. Wie so viele wissenschaftliche Werke der Griechen, wurden seine Schriften während der ersten Hälfte des 9. Jahrhunderts ins Arabische übersetzt. Pegasus (im Arabischen *al-faras*) ist in der Handschrift wie auf einem Globus dargestellt (S. 155). Er hat keine Vogelflügel mehr, sondern die Flügel des sassanidischen Drachen Senmurv.

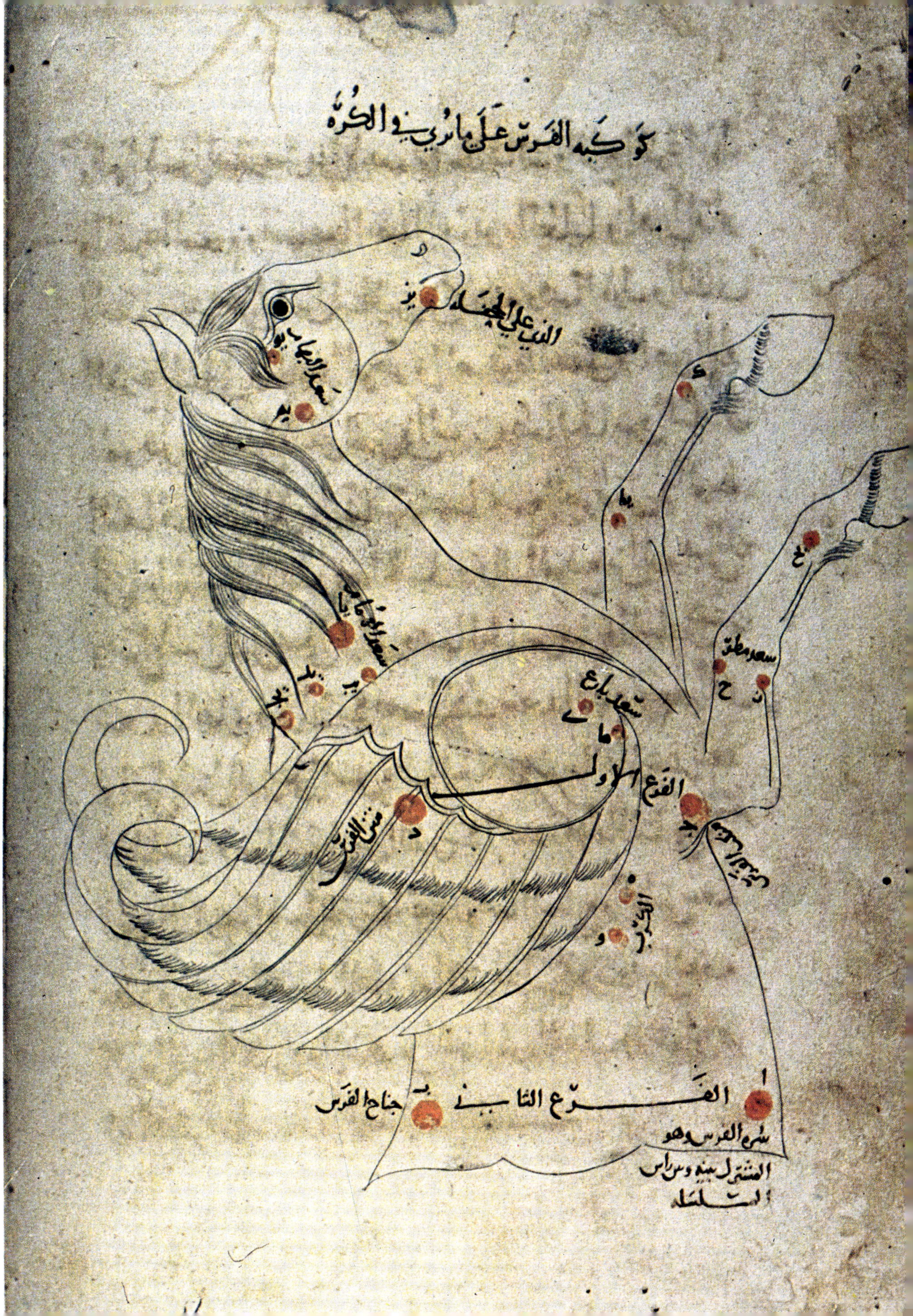

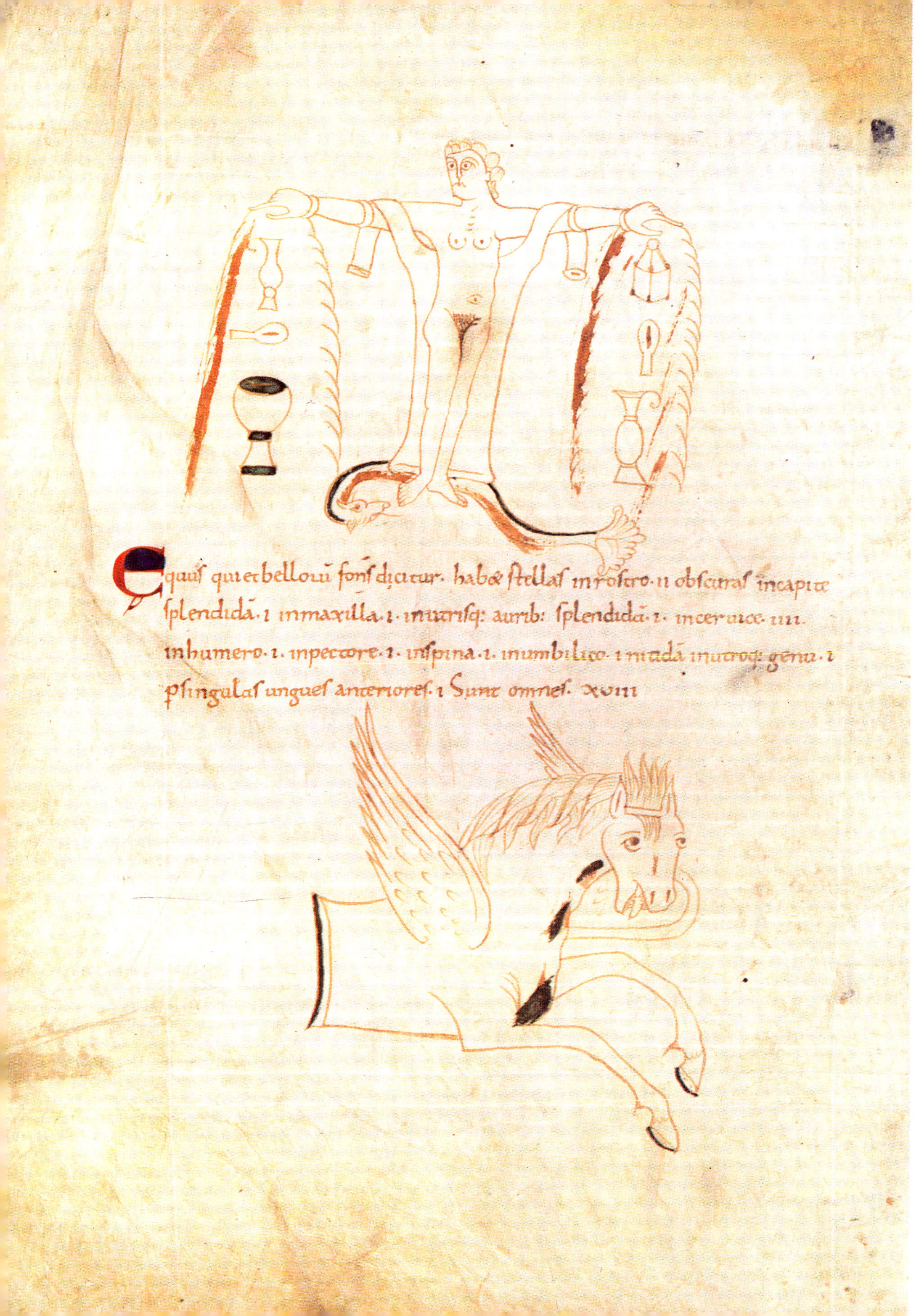

89
Andromeda und Pegasus.
Miniatur einer astrologischen Handschrift.
Bibliothèque Nationale, Paris.
Lat. 5239 Fol. 219v.

Im Text der Blätter Nr. 215–224 wird das Werk "*De signis coeli*" von Pseudo-Beda behandelt; die gesamte Handschrift aus dem 10. Jahrhundert n. Chr. kommt aus Saint-Martial, Limoges (Frankreich).

Die Illustration zeigt im oberen Teil das Sternbild Andromeda. Die Königstochter ist, wie die Mythologie es will, an zwei Felsen gekettet; das Seeungeheuer (hier klein und in Umrissen gezeichnet) will sie verschlingen, doch Perseus befreit sie zur rechten Zeit. Die Illustration unten zeigt das Sternbild des Pegasus, wie die Astronomen der Antike es beschrieben, d.h. als Vorderteil des Flügelrosses (s. Abb. 69).

Bemerkenswert ist das Naive der Umrißzeichnung. Das Bemühen um Perspektive führte zur absichtlichen Deformierung des Kopfes – eine Tendenz, die uns aus der modernen Kunst vertraut ist.

90
Illuminierte Handschrift.
11. Jahrhundert.
Biblioteca Marciana, Venedig, Italien.
Cod. Gr. 479 Fol. 8v.

Die Handschrift, die das Gedicht *Cynegetica* von Pseudo-Oppian (215 n. Chr. geschrieben und Kaiser Caracalla gewidmet) enthält, ist unter den vielen Kopien dieses literarischen Werkes eine der ältesten. Das Manuskript gehörte einst zur berühmten Bibliothek des Kardinals Bessarion, eines griechischen Gelehrten und hohen

Fortsetzung übernächste Seite

Priesters in Byzanz, der nach dem Fall von Konstantinopel in Italien Zuflucht suchte.

In der Miniatur (unten) greift Bellerophon auf dem Rücken des Pegasus die Chimäre an; doch paradoxerweise trägt er in der erhobenen Hand keine Waffe, während das Ungeheuer aus Löwen-, Ziegen- und Schlangenkopf Feuer speit. Über oder neben den Hauptfiguren ist jeweils der Name geschrieben, was auch bei antiken Werken im Miniaturstil üblich war. Im oberen Teil der Illustration steht die Inschrift:
‘‘Ιππος ὑπέρ νεφέων Χιμαιροκτόνον ἤγαγε φῶτα.
Das Ross trug den Besieger der Chimäre über die Wolken.’
Die Komposition folgt, im ganzen gesehen, eindeutig der klassischen ikonographischen Tradition. Das einzig Neue daran ist die durch Zeichnungen von Bergen und Bäumen angedeutete Landschaft. Andererseits aber wird sie bestimmt von stilisiertem Faltenwurf und steifer Haltung der dargestellten Figuren.

91
Illuminierte Handschrift. Zweite Hälfte des 11. Jahrhunderts. Jerusalem, Cod. Taphou 14 Fol. 309.

Das Manuskript enthält die Schriften von Pseudo-Nonnus. In der Miniatur wird die Chimäre vor einem bergigen Hintergrund getötet. Die Komposition bleibt in vieler Hinsicht der antiken Literatur und der ikonographischen Tradition treu, schließt aber hier die natürliche Umgebung ein, die in den klassischen Darstellungen des Mythos weggelassen wurde.

92
Messingglobus. 1257
Durchmesser 24 cm.
Britisches Museum, London.

Die Inschrift auf dem Globus erinnert daran, daß er gefertigt wurde vom "bescheidensten Mann Gottes, Mohamed Ben Helal, Astronom in Mossul, im Jahr der Hedschra 674". Arabische Astronomen übernahmen die griechische Astronomie und deren Symbole für die Sternbilder; und sie übersetzten die Werke griechischer Astronomen in ihre eigene Sprache. Pegasus ist auf dem Himmelsglobus genauso dargestellt, wie auf dem Globus des Atlas Farnese (s. Abb. 69).

Candidus alatus equus e hic e et rubicundus
Vt norit mundus quia rex es nempe bts
Ecclie cultor diuine laudis amator
Eius adorator ~ iustus sanguinis ultor
At deitas fessor suus e tu sis m̄ uati
Terrigene prati solaminis ergo pfessor
Et dator et pacis patrie pratensis amore
Cuius rex rore solio regnas modo pacis .

93
Miniatur-Illustration. Etwa 1340.
Britisches Museum, London.
Royal Manuscript 6.E.IX. Fol. 28v.

Die neapolitanische Handschrift enthält ein Gedicht, das Convenevole de Prato zugeschrieben wird. Pegasus steht am Füße des Berges Helikon und schlägt mit seinem Huf die Quelle Hippokrene.

94
Irakische Handschrift. Zweite Hälfte des 14. Jahrhunderts.
Größe 32,7 × 22,4 cm.
Freer Gallery of Art, Washington

Das geflügelte Seepferd befindet sich auf einem Blatt der *Ajaib al-Makhlukat* von al-Zakariya ibn Muhammed ibn Mahmud Abu Yahya, allgemein bekannt als al-Kazwini (1203–83). Die Geschichte über das Pferd erzählt "*vom Scheich von Chorasan, der mit seiner Stute ans Meer kam. Ein schwarzweiss geflecktes Pferd sprang aus dem Wasser und schwängerte seine Stute, die ein schönes Fohlen gebar. Als sie noch einmal an dieselbe Küste kamen, tauchte das Seepferd wieder auf und nahm das Fohlen mit sich ins Meer. Das Seepferd und sein Fohlen sah er niemals wieder.*"

Unabhängig davon, ob zwischen diesem Seepferd und Pegasus eine Beziehung besteht, muß darauf hingewiesen werden, daß diese Sage des Nahen Ostens von einem geflügelten Pferd spricht, das mit Pegasus eng verbunden ist.

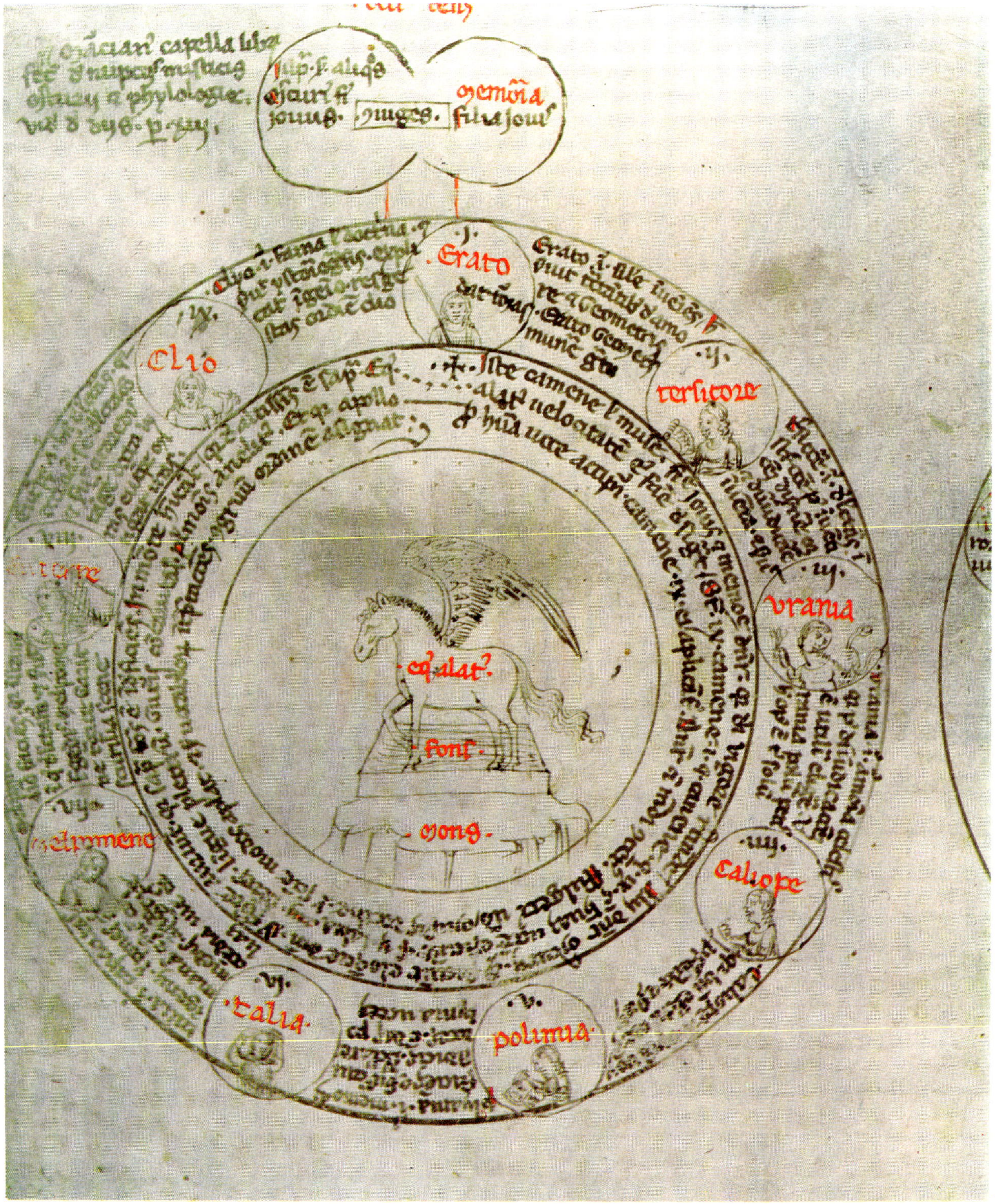

95
Miniatur-Illustration.
14. Jahrhundert.
Vatikan, Rom. Manuskript Vat. Lat. 1960, Fol. 265r.

Die Handschrift enthält das Werk "*De Venetiis opera historica*" mit topographischen und geographischen Karten von Paulinus Minorita. Die Mitte des konzentrischen Kreises ist mit Pegasus und der Quelle, die er auf dem Berge Helikon mit seinem Huf aus der Erde schlug, geschmückt. In den kleinen Kreisen des äußeren Randes sind die neun Musen dargestellt. In den Räumen zwischen den Büsten und auf dem inneren Rand werden die Werke Apollos und der Musen beschrieben.

96
Miniatur-Illustration.
Etwa 1380
Bibliothèque Nationale, Paris.
Manuskript Fr. 871, Fol. 116v.

Das französische Manuskript enthält den Text von "*Ovide moralisé*", der Chrétien Legouais zugeschrieben wird. Die Miniatur zeigt Apollo in der Kleidung eines mittelalterlichen Heiligen auf dem Gipfel des Berges Helikon. Weiter unten schlägt Pegasus mit seinem Huf die Quelle Peirene aus dem Fels. Das Wasser fließt den Berg hinab und sammelt sich in einem Becken, in dem die neun Musen baden. Pallas Athene (unten rechts) ist als Königin dargestellt. Neben den Hauptfiguren stehen ihre Namen. Bäume, Blumen und Vögel der Szenerie muten, wie die Figuren selbst, naiv und lyrisch an.

mons helicon
appollo
pegasus
pallas

97
Miniatur. 1410–1415.
Größe 36,5 × 28,2 cm.
Britisches Museum, London, Harley Manuscript 4431, Fol. 183^{r}.

Das französische Manuskript enthält die *Oeuvres poétiques* von Christine de Pisan (1363–1431), Frankreichs erste "*femme savante*", eine Dichterin und Moralistin, deren Werk von ihrer Vorliebe für die Allegorie bestimmt ist. Die Quelle Peirene auf dem Helikon symbolisiert die Quelle der Weisheit. Von der Quelle wird Wasser in ein Becken geleitet, in dem nackt die neun Musen stehen; Pegasus, das Symbol der Inspiration, fliegt nahe herbei. Sebille führt Christine zur Quelle. Das ist ein allegorisches Bild für den langen Weg zur Weisheit, den "*chemin de long estude*", wie es im alten Text des französischen Manuskripts heißt.

98
Miniatur. 1410–1415.
Größe 36,5 × 28,2 cm.
Britisches Museum, London. Harley Manuscripts 4431, Fol. 98^{v}.

Das französische Manuskript enthält die *Oeuvres poétiques* von Christine de Pisan (s. Abb. 97). Perseus auf dem Rücken des Pegasus tötet das Seeungeheuer, um Andromeda zu befreien, die auf einem Felsen kniet.

celle part. Et fu la verite que en crete ot iadis
un roy appelle minos de merveilleuse fierte
et ot en lui grant vigueur de iustice. Et
pour ce disoient les poetes que apres sa
mort fu commis estre iusticier denfer.
Dit aristote Justice est une mesure que
dieu a establie sur terre pour limiter les
choses

allegorie .iiij.

Et comme dieu soit chief de iustice et
de tout ordre est il necessaire a lesperit
chevalereux pour parvenir a glorieuse vic
toire que il ait celle vertu. Et dit saint
bernard en un sermon que iustice nest
autre chose mais que rendre a chacun
ce qui est sien. Rens dist il doncques
a .iij. paire de gens ce qui est leur. A
ton souverain reuerence et obeyssance
Reuerence de cuer et obeyssance de corps
A ton pareil tu dois rendre conseil et
ayde en enseignant son ignorence et ayde
en confortant sa non puissance. A ton
subget tu dois rendre garde et discipline
garde en le gardant de mal faire et
discipline en le chastiant se il a mal
fait. A ce propos parle Salomon es
prouerbes. Gaudium est iusto facere iusticiam
... impii ut detrahat impios a malo
gaudium est iusto facere iusticia
prouerbiorum .xxj.º capitulo.

texte .v.

Apres te mire en perseus
De qui le hault nom est sceus
Par my le monde en toutes pars
Pegasus li chevaulx appers
Chevaucha par lair en volant
Et andromada en alant
Il delivra de la belue
Or lui a a force tolue
Comme bon chevalier errans
La rendue a ses parens
Cestui fait vueilles retenir
Car bon chevalier doit tenir
Telle voye sil veult avoir
Honneur qui trop mieulx vault quavoir
Si te mires en son escu
Luisant qui plusieurs a vaincu
De son fauchon soyes arme

99
Zeichnung von J. Bellini
Etwa 1400–1470.
Größe 41,5 × 33,6cm.
Britisches Museum, London.

Der erschöpfte Bellerophon liegt rücklings auf dem gigantischen, stolzen Pegasus. Zwischen den Beinen des Pferdes spielen Satyrn. Der im unteren Teil der Zeichnung dargestellte Zentaurenkampf erinnert an einen Reliefsockel.

100
Miniatur-Illustration
15. Jahrhundert.
Vatikan, Rom. Astrologisches Manuskript. Vat. Graec. 1087, Fol. 309v.

Die Miniatur zeigt die nördliche Hemisphäre des Himmelsglobus. Pegasus (seine vordere Hälfte) befindet sich neben dem Sternbild Andromeda und ist umgeben von anderen Sternbildern, die der astronomischen Tradition der Antike entsprechend alle in Form von mythischen Figuren dargestellt wurden.

101

Miniatur-Illustration. 15. Jahrhundert. Biblioteca Marciana, Venedig, Italien. Lat. XII 194, Fol. 3r.

Die Miniatur aus einer Handschrift mit astronomischen Texten stellt Pegasus als Equus-Konstellation dar.

102
Bronzestatue von Bertoldo di Giovanni (1420–1491).
Höhe 32,5cm.
Kunsthistorisches Museum, Wien.
Österreich. 5596.

Dieser bedeutende Bildhauer der Frührenaissance, Schüler von Donatello und Lehrmeister von Michelangelo, ließ sich vor allem von antiken Skulpturen inspirieren. Die Anregung für diesen Bellerophon, der den Pegasus meistert, ging vom "Pferdezähmer" auf dem Monte Cavallo in Rom aus.

Equus 29 zwüschent gemini un
cancer

Equus 29 das ander pferd de
hat vil sterne under den fuit

103
Miniatur-Illustration. Deutsch. 2. Hälfte 15. Jahrhundert.
Vatikan, Rom. Astrologisches Manuskript. Vat. Pal. Lat. 1370, Fol. 96r.

Das Manuskript basiert auf dem Werk des griechischen Astronomen Ptolemäus. Die Illumination stellt Pegasus als Equus-Konstellation dar. Die zusätzlichen Flügel an den vier Sprunggelenken kommen auch bei etruskischen Darstellungen des Pegasus vor (s. Abb. 54).

104
Miniatur-Illustration. Ende 15. Jahrhundert.
Größe 25 × 15cm.
Biblioteca Capitolare, Verona, Italien. Manuskript CCLI.

Das Manuskript enthält die Dichtung *Anticlaudianus* von Alanus de Insulis (1203). Fünf Miniaturen veranschaulichen die fünf Sinne, die in Form von fünf Pferden dargestellt sind; im Text heißt es, daß sie den Wagen auf der Reise gen Himmel ziehen. *Visus* (der Gesichtssinn), vornehmster unter den Sinnen, wird vom schnellsten Pferd, Pegasus, verkörpert; in der Zeichnung wird er durch zwei zusätzliche Augen gekennzeichnet. Die anderen vier Sinne sind als gewöhnliche Pferde gezeichnet.

105
Gemälde von Andrea Mantegna. 1495–1497.
Größe 160 × 192cm.
Louvre, Paris. 370.

Das Gemälde, gewöhnlich *Parnassus* genannt, zeigt in drei verschiedenen Ebenen folgende Figuren: Hephaistos (links) vor seiner Höhlenwerkstatt; Aphrodite und Ares (Mitte oben) auf einem Felsenbogen die neun Musen (Mitte unten) tanzen zu den Klängen von Orpheus' Leier am anderen Ende (rechts) steht Pegasus, Hermes an seiner Seite, mit weit ausgebreiteten Flügeln. Trotz der rätselhaften Verquickung von verschiedenen mythologischen Motiven, machen die vollkommene geometrische und chromatische Harmonie und die Ausdehnung der Landschaft bis zu einem fernen Horizont das Bild zu einem repräsentativen Meisterwerk der Frührenaissance.

107
Gemälde von Giovanni di Spagna (1450–1528).
Galleria Capitolina, Rom.

Links oben stampft Pegasus mit einem Hufschlag die Quelle Peirene aus dem Berge Helikon; rechts unten wird Pegasus aus dem Blut der Medusa geboren, nachdem ihr Perseus das Haupt abgeschlagen hat. In der Mitte Apollo, der auf dem Berge Helikon sein Instrument spielt. Das großartige Bild ist ein repräsentatives Werk der Frührenaissance.

Imagines coeli Septentrionales cum duodecim imaginibus zodiaci.

108
Holzschnitt von Albrecht Dürer.
Britisches Museum, Print Room, London.

Dürer schuf diesen Holzschnitt etwa 1515 für den Astronomen Stabius. Pegasus erscheint, entsprechend der klassischen astronomischen Tradition, als Halbfigur auf der nördlichen Hemisphäre des Himmelsglobus, wo er gewöhnlich eingeordnet wird. In den Ecken sind vier berühmte Astronomen dargestellt: Aratus Cilix, Ptolemäus Aegyptius, M. Manilius Romanus und Azophi Arabus. Die Inschrift in gotischen Buchstaben über der oberen Begrenzungslinie lautet: "*Images coeli Septentrionales cum duodecim imaginibus zodiaci*". Dürer benutzte für seinen Holzschnitt Illustrationen aus Handschriften des 15. Jahrhunderts, die auf der klassischen ikonographischen Tradition der Himmelskörper basierten. So wurden wieder einmal wissenschaftliche und mythologische Antike in diesem Werk vereint.

109
Miniatur aus einer illuminierten Handschrift, 16. Jahrhundert.
Bibliothèque Nationale, Paris.
Arsenal 5066, Fol. 115r.

Die Handschrift hat keinen Titel; es handelt sich dabei um eine Auswahl von Bildern mit Erklärungen in Versen. Die Illustration zeigt den Pegasus vor der Quelle Hippokrene auf dem Parnaß und den gefesselten Herakles (unten rechts); die Namen stehen erklärend daneben. Diese allegorische Komposition ist sicher abgeleitet von der ikonographischen Tradition der Antike, die Pegasus mit Herakles in Verbindung brachte (s. Abb. 16 und 57). Ein repräsentatives Werk der Renaissance, das den Mythos in eine Hügellandschaft verlegt; das Schloß, die Kirche und die Häuser im Hintergrund sind perspektivisch gezeichnet.

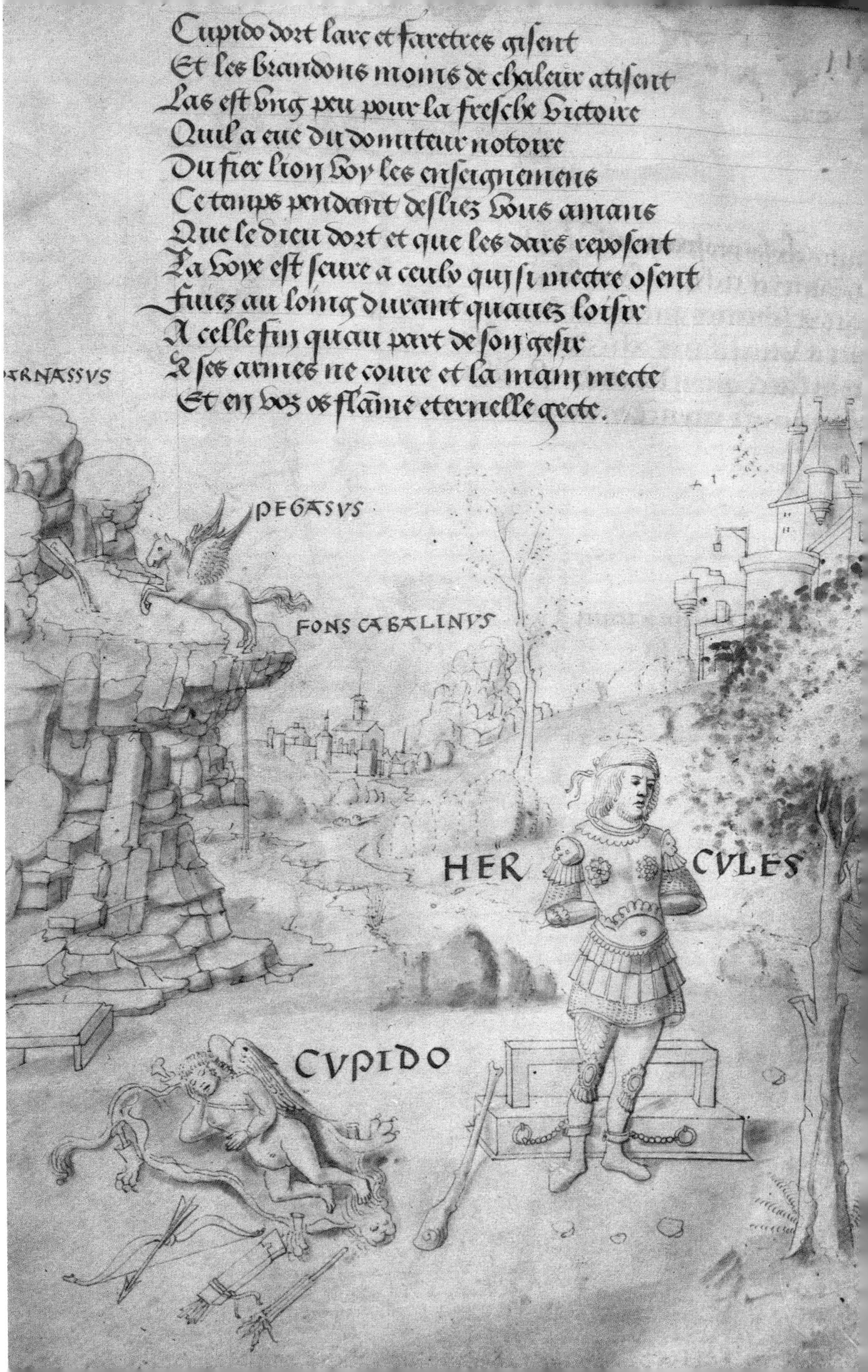

110
Kupferstich der Marcantonio-Schule. 16. Jahrhundert.
Größe 5,5 × 4m.
Britisches Museum, Print Room, London.

"*Le Parnasse profané*" (Der entweihte Parnaß) ist der Titel dieses allegorischen Stichs. Links verlassen ein Mann und eine lorbeerbekränzte Frau (Dichter und Muse?) entrüstet den Parnaß, weil sich die Männer im Vordergrund an einigen Musen vergehen. Drei andere Paare sind in Bäume verwandelt worden. Mit anderen Worten, bei allen Figuren ist an die Stelle des apollonischen Geistes ein tier- oder pflanzenähnliches Dasein getreten. Aus diesem Grunde verläßt Pegasus (oben rechts) das entweihte Heiligtum, begleitet von einem Schwarm Vögel. Die Entweihung der heiligen Stätte am Parnaß hat dazu geführt, daß Pegasus, das Symbol der geistigen Erhebung, davonfliegt und das entrüstete Paar, das die höchste Kunst repräsentiert, geht. Offensichtlich sollte damit angedeutet werden, daß einige zeitgenössische Künstler vom reinen apollonischen Geist abirrten.

111
Kupferstich von G. Ghisi (1520–1582).
Größe 15 × 12cm.
Britisches Museum, Print Room, London.

Der Stich zeigt Apollo auf dem Parnaß, umgeben von den neun Musen mit ihren Instrumenten, von zwei Dichtern und drei Cupidos. Links neben Apollo fliegt Pegasus davon.

112
Zeichnung von Barth. Spranger (1546–1611).
Herzog Anton Ulrich-Museum, Braunschweig, Deutschland.

Ein gigantischer und stolzer Pegasus mit ausgebreiteten Flügeln wird begleitet von zwei Cupidos.

170 CANTO X.

93 Nè ſcala in Inghilterra, nè in Irlanda
Cãto II. St. 21 Mai laſciò far, nè sù'l contrario lito.
Ma laſciamolo andar, doue lo manda
Il nudo arcier, che l'ha nel cor ferito,
Prima ch'io più ne parli, io vo in Olanda
Tornare, e voi meco à tornaui inuito.
Che come à me, ſo ſpiacerebbe à voi,
Che quelle nozze foßin ſenza noi.

94 Le nozze belle e ſontuoſe fanno;
Ma non sì ſontuoſe, nè sì belle,
Come in Selandia dicon, che faranno.
Pur non diſegno, che vegnate à quelle,
Perche noui accidenti à naſcer' hanno
Per diſturbarle, de quai le nouelle
A l'altro Canto vi farò ſentire,
S'à l'altro Canto mi verrete à udire.

ALLEGORIE.

QVESTO nono Cãto, è vn vero & notabiliſſimo eſſempio d'amor coſtante, il qual pare che le più volte ſi troui nelle valoroſe, & vere Donne.

ARGOMENTO.

BIRENO abbandona Olimpia, e laſciala ad ...

113
Abbildung aus dem Buch *Der rasende Roland* von Lodovico Ariosto, Lyoné 1581, Gesang X 98–114, S. 170.

Ritter Ruggiero reitet den Hippogryph und tötet das Seeungeheuer, als dieses die schöne, an einen Fels gekettete Angelika (rechts) verschlingen will.

Vorbild dieser Legende ist offensichtlich der antike Mythos von Perseus und Andromeda, oder genauer gesagt, der abgewandelte Mythos, wonach Perseus den Pegasus reitet (s. S. 19). Selbst die Darstellung der Gruppe entspricht antiker ikonographischer Tradition. Die Landschaft im Hintergrund ist naturalistisch gezeichnet und weist Merkmale der frühbarocken Periode auf, aus der das Werk stammt.

114
Gemälde von Rubens. Etwa 1615–1618.
Größe 0,99 × 1,37m.
Staatliche Museen, Preußischer Kulturbesitz, Gemäldegalerie, Berlin (West).

Perseus, unterstützt von zwei Cupidos, befreit Andromeda, nachdem er den Drachen (links im Bild) erschlagen hat. Drei spielende Cupidos beschäftigen sich unterdessen mit Pegasus. Wie bei jedem Rubens-Bild, ist der Raum mit korpulenten Figuren ausgefüllt, und die Landschaft tritt hinter den Menschen zurück, obwohl sie naturgetreu und klar wiedergegeben ist.

115
Kolorierte Skizze von Rubens.
Etwa 1635.
Größe 35,5 × 28,5cm.
Bayonne Bonnat Museum, Frankreich.

Bellerophon auf Pegasus kämpft gegen die Chimäre. Der dramatische Zusammenstoß des Helden und seines göttlichen Pferdes mit dem furchterregenden Ungeheuer wird durch den neutralen Hintergrund noch besonders hervorgehoben.

116
Emblem von Oliver Gatti. Veröffentlicht in *Emblemata* von Pauly Macii, Bononiae 1628.
Spenser Collection. The New York Public Library, Astor Lenox and Tilden Foundations.

In dem Emblem fällt Bellerophon vom fliegenden Pegasus herunter auf die Erde. Die Strafe für die Überheblichkeit des Helden, die in der griechischen Kunst und Literatur oft vorkommt, inspiriert auch noch die Künstler der Renaissance.

117
Illustration von F. Chauveau (1613–1676) für *Andromeda* (1651) von Corneille.
Bibliothèque Municipale de Rouen, Frankreich.

Ein winziger Bellerophon reitet einen gigantischen Pegasus.

118
Bronzestandbild auf einem Brunnen. Die Statue, die früher dem Bildhauer Caspar Gras (1661) zugeschrieben wurde, hält man jetzt für ein Werk seines Zeitgenossen Maximilian Röck (1664). Mirabellengarten, Salzburg, Österreich.

Inmitten der hohen Parkbäume scheint der bronzene Pegasus auf dem Brunnen davonfliegen zu wollen.

119

Tintezeichnung, Sepia. Von einem anonymen Maler des 17. Jahrhunderts (holländische Schule).
Größe 36 × 50,5 cm.
Biblioteca Nacional, Madrid.
Barcia No. 8803.

Auf einem Brunnen, der an einen Fels erinnert, ist Pegasus soeben dem Hals seiner Mutter, der enthaupteten Gorgo zu seinen Füßen, entsprungen. Auf der oberen Stufe des Brunnens steht Perseus und hält das Gorgonenhaupt in seiner linken Hand. Weibliche Figuren (Furien) tauchen mit Korallenstücken in den Händen aus dem kreisförmigen Brunnenbecken auf. Auf dem Fels Korallen und Krustentiere. Die Verbindung von Korallen mit dem Mythos des Pegasus geht auf die Literatur der Antike zurück. Nach der Sage verwandelten sich die Blutstropfen, die vom Haupt der Gorgo ins Meer fielen, in Korallen.

120
Gemälde von N. Poussin. 17. Jahrhundert.
National Gallery, London.

Der attische Held Kephalos windet sich aus den Armen der Göttin Eos (Aurora) und blickt auf das Porträt seiner Gattin, das ein Cupido ihm hinhält. Tithonos (links), Gatte der Eos, ist eingeschlafen. Sein Kopf ruht auf einem Gefäß, aus dem Wasser fließt; es erinnert an Okeanos, wo die Hochzeit der Gottheiten stattfand. Im Hintergrund steht Pegasus; der literarischen und ikonographischen Tradition der Antike entsprechend, soll er den Wagen der Eos ziehen (s. S. 19, Abb. 30). Neben ihm sitzt Prokris, Kephalos' Frau, an einen Baum gelehnt. Am fernen Horizont taucht der Wagen von Apollo-Helios aus den Wolken. Pegasus wirkt störrisch wegen der Verspätung seiner morgendlichen Fahrt mit Eos, die den neuen Tag ankündigen soll, bevor Helios (die Sonne) sein Licht auf die Erde wirft. Die beiden mythologischen Motive, die in der Antike weder eine örtliche noch eine zeitliche Verbindung haben, sind hier zu einer einzigen monumentalen Komposition verschmolzen. Poussins Darstellung wurde jedoch eher von seinen Zeitgenossen oder Vorgängern (Tizian, Carracci usw.) inspiriert als von antiken Vorbildern.

123
Bronzedenkmal von Titon du Tillet.
Louis Garnier. 1721.
Größe 1,48 × 1,11m.
Versailles, Paris. 6023.

Die Gruppe mit ihren 36 Figuren stellt den "Parnasse Français" dar. Pegasus als ewiges Symbol der Erhebung steht auf der Spitze des heiligen Berges. Vor ihm sitzt Apollo und spielt auf seiner Leier. Die Musen tanzen im Kreis. Am Fuße des Berges die berühmtesten Dichter und Musiker des französischen Pantheon – darunter Molière, Corneille und Racine – "A la gloire de la France et de Louis le Grand", wie es in der Inschrift am Sockel des Denkmals heißt.

124
Gemälde von Giovanni Battista Tiepolo.
18. Jahrhundert.
The Frick Collection, New York.

Perseus reitet den fliegenden Pegasus; im Arm hält er Andromeda, die er von ihren Ketten befreit hat. Das erschlagene Ungeheuer liegt unten rechts. Die übrigen Figuren deuten auf die Apotheose des heldischen Paares hin. Ihre Anordnung auf verschiedenen Ebenen ruft den Eindruck großer Raumtiefe und eines endlosen Horizonts hervor – Merkmale, die bei all den großartigen Werken dieses Künstlers vorherrschen.

125
Gemme, 19. Jahrhundert.
Britisches Museum, London. 803.

Die Figur des Pegasus füllt die ganze Fläche des Siegelsteins aus. Man beachte die akademische Ausarbeitung des mythischen Pferdes, die fast im ganzen 19. Jahrhundert vorherrschend war.

126
Lithographie von Odilon Redon (1840–1916).
Parke Bernet Galleries, New York.

Die Lithographie zeigt den gefangenen Pegasus. Bemerkenswert ist, daß der mythische Held in dieser Darstellung zu einer kleinen Figur zusammengeschrumpft ist, die in auffallendem Gegensatz zu der riesigen, düsteren Figur des geflügelten Pferdes steht. Der Künstler wollte offensichtlich dem sterblichen Menschen und seinem Kampf um die Beherrschung der Natur Gestalt verleihen. Mythos und Wirklichkeit sind in einer einmalig ernsten und ausdrucksstarken Vision verschmolzen.

127
Gemälde von Albert Pinkham Ryder (1847–1917).
Größe 30,5 × 28,9 cm.
Worcester Art Museum, Worcester, Massachusetts.

Ein Dichter, der den Pegasus reitet, geht ein in das Reich der Musen. Ryder malte Träume und visionäre, poetische Bilder; er ließ sich von der großen Dichtung und der Mythologie der Antike inspirieren. Sinnlicher Reichtum und Tiefe der Farbgebung sind für seinen Stil charakteristisch.

128
Bronzestatue auf der Alexander-Brücke über die Seine in Paris; von den Architekten Cassien-Bernard und Cousin (1859–1904).

Pegasus und die personifizierte Republik sind dem klassischen Motiv des göttlichen Pferdes und seines Bändigers nachempfunden.

II
1er mai 37

129
Kompositionsstudie II für *Guernica*, von Picasso. 1. Mai 1937.
Bleistift auf blauem Papier.
Größe 21,5 × 27 cm.
The Museum of Modern Art, New York.

Unter den dargestellten Tieren befindet sich auch Pegasus, eine der vielen Figuren der griechischen Mythologie, die den großen Künstler unserer Zeit inspiriert haben.

130
Das Friedenswandbild von Picasso. 1952.
Friedenstempel in Vallauris, Frankreich.

Das geflügelte Pferd ist Teil einer vielfigurigen Komposition, zu der auch eine lesende Frau und zwei tanzende Frauen gehören; ein Mann schreibt, ein anderer bläst ins Feuer und ein dritter spielt Flöte. Andere Figuren und Symbole geben dieser idyllischen Szene Farbigkeit. Pegasus (s. auch Abb. 131) steht unter ihnen als Symbol für die Unschuld und das friedliche Dasein des Menschen und als Mittler für die Rückkehr zum uranfänglichen und sorglosen mythischen Leben. Dieses Werk scheint das Vermächtnis des Künstlers an die Menschheit zu sein. Der schlichte Humanist Picasso wird hier, wie in allen seinen Werken, von den Urformen des Menschen und der ihn umgebenden Welt bestimmt.

131
Detail aus dem Friedenswandbild von Picasso (Abb. 130).

Bibliographie · Index
Museen und Sammlungen

Bibliographie

Vorgeschichtliche Zeit

H. Frankfort, *Cylinder Seals.* London 1939.

A. J. Toynbee, *Kultur am Scheidewege.* Wien 1949.

Franz Hančar, *Das Pferd in prähistorischer und früher historischer Zeit.* Wien—München 1955.

J. Wiesner, *Fahren und Reiten, Archäologia Homerica.* Göttingen I 1968.

J. Wiesner, *Fahren und Reiten in Alteuropa und im Alten Orient.* New York 1971.

Griechische und römische Zeit

H. A. Fischer, *Bellerophon,* eine mythologische Abhandlung. Leipzig 1851.

R. Engelmann, *Bellerofonte e Pegaso:* Annali dell'Istituto, Roma, 46, 1874, 5–37.

H. W. von Prittwitz und Gaffron, *Bellerophon in der antiken Kunst,* Muenchen 1888.

G. Thiele, *Antike Himmelsbilder.* Berlin 1898.

L. Malten, *Das Pferd im Totenglauben*: Jahrbuch des Deutschen Archäologischen Instituts 29, 1914, S. 179 ff.

K. Lehmann-Hartleben, *Bellerophon und der Reiterheilige*: Mitteilungen des Deutschen Archäologischen Instituts, Römische Abteilung, 38–39, 1923–24, S. 264 ff.

L. Malten, *Bellerophontes*: Jahrbuch des Deutschen Archäologischen Instituts 40, 1925, S. 121 ff.

J. Aymard, *La légende de Bellerophon:* Mélanges d'Archéologie et d'Histoire. École Française de Rome 52, 1935, 143–84.

O. Ravel, *Les poulains de Corinthe,* Basel 1936.

J. M. Woodward, *Perseus: A Study in Greek Art and Legend.* Cambridge 1937.

L. Rademacher, *Mythos und Sage bei den Griechen.* Leipzig 1938, S. 89 ff.

A. Alföldi, *Die Kontorniaten.* Budapest 1943.

S. Markman, *The Horse in Greek Art.* Baltimore 1943.

E. Bethe, *Buch und Bild im Altertum.* Leipzig 1945.

J. D. Beazley, *Etruscan Vase Painting.* Oxford 1947.

N. Yalouris, *Athena als Herrin der Pferde*: Museum Helveticum 7, 1950, S. 19 ff.

Fr. Schachermeyer, *Poseidon.* München 1950, S. 65 ff und 174 ff.

N. Yalouris, Πτερόεντα πέδιλα: Bulletin de Correspondance Hellénique 77, 1953, S. 293 ff.

J. J. Dunbabin, *Herakles and Chimaira:* Studies Robinson II, 1953, 1164–84.

Fr. Brommer, *Bellerophon:* Marburger Winckelmann-Programm 1952–1954, S. 3 ff.

E. Will, *Korinthiaka,* Paris 1955, 145–188.

P. Amandry, *Bellerophon et la Chimère dans la mosaïque antique:* Revue Archéologique 47–48, 1956, S. 155 ff.

T. Gericke, *Die Bändigung des Pegasos*: Mitteilungen des Deutschen Archäologischen Instituts, Athenische Abteilung 71, 1956, S. 193 ff.

K. Schauenburg, *Bellerophon in der unteritalischen Vasenmalerei*: Jahrbuch des Deutschen Archäologischen Instituts 71, 1956, S. 59 ff.

K. Schauenburg, *Neue Darstellungen aus der Bellerophonsage*: Jahrbuch des Deutschen Archäologischen Instituts, Archäologischer Anzeiger 73, 1958, S. 21 ff.

K. Schauenburg, *Perseus in der Kunst des Altertums.* Bonn 1960.

F. Salviat et N. Weil, *Un plat du septième siècle à Thasos: Bellerophon et la Chimère:* Bulletin de Correspondance Hellénique 84, 1960, 347–86.

A. Balil, *Mosaico de Bellerofonte y la Quimera de Torre de Bell-lloch (Gerona):* Archivo Español de Arqueología 33, 1960, 98–112.

R. Peppenmüller, *Die Bellerophontessage,* Diss. Tübingen 1961.

M. L. Schmitt, *Bellerophon and the Chimaera in Archaic Greek Art*: American Journal of Archaeology 70, 1966, S. 341 ff.

G. Richter, *Engraved Gems of the Greeks and the Etruscans.* London 1968.

C. M. Kraay, *Greek Coins.* London 1966.

P. N. Boulter, *Gilded Bronze Acroteria:* Hesperia 38, 1969, 133–140.

St. Hiller, *Bellerophon: Ein griechischer Mythos in der römischen Kunst.* München 1970.

A. D. Trendall–T. B. L. Webster, *Illustration of Greek Drama.* London 1971.

G. Richter, *Engraved Gems of the Romans.* London 1971.

J. M. Moret, *Le départ de Bellerophon sur un cratère campanien de Genève:* Antike Kunst 15, 1972, 96–106.

St. Hiller, *Bellerophon – Zur Überlieferung in Bild und Text:* Antike und Abendland 19, 1973, 83–100.

Fr. Bommer, *Vasenlisten zur griechischen Heldensage*[3]. Marburg 1973, S. 292–309.

Fr. Brommer, *Denkmäler zur griechischen Heldensage*. Marburg 1974, S. 29–64.
Fr. Langefass-Vuduroglou, *Mensch und Pferd auf griechischen Grab- und Votivsteinen* (Diss.). München 1973.
Léon Lacroix, *Etudes d'Archéologie Numismatique*. Bd. II. Paris 1974, S. 67 ff.
S. Sattis, *Bellerophon in Medma:* Archäol. Anzeiger 92, 1977, 183–94.
P. Müller, *Löwen und Mischwesen in der archaischen Kunst*, Zürich 1978, passim.
K. Schefold, *Götter und Göttersagen der Griechen in der spätarchaischen Kunst*, München 1978, 84–87.
P. D. Harvey, *Pegasus: A Cup, a Coin and a Context: Pegasus.* Classical Essays from the University of Exeter, 1981.
K. Schauenburg, *Baltimoremaler und Bellerophon:* Jahrbuch des Museums für Kunst und Gewerbe, Hamburg 3, 1984, 11–48.
H. Meyer, *Kunst und Geschichte*, München 1983, 72 ff.
Real-Encyclopädie III 241 ff. s. v. *Bellerophon* (Bethe). III 2281 ff. s. v. *Chimära* (Bethe). XIX 1 s. v. *Pegasos* S. 56 ff. (Rathmann). XIX 978 ff. s. v. *Perseus* (J. L. Catterall).
Roschers, *Lexikon der Mythologie* I, S. 757 s. v. *Bellerophon*. III, S. 1727 ff. s. v. *Pegasos* und S. 1958 ff. s. v. *Perseus*.
Enciclopedia dell'Arte Antica II, S. 42 ff. s. v. *Bellerophon* und S. 554 s. v. *Chimera*. VI, S. S. ff. s. v. *Pegaso* und S. 66 ff. s. v. *Perseo*.
Kleine Pauly I 856–858 s. v. *Bellerophontes* (H. von Geisau). IV 582 s. v. *Pegasus* (H. von Geisau).

Mittelalter bis Gegenwart
A. Goldschmidt, *Das Nachleben der antiken Formen im Mittelalter*. Leipzig–Berlin 1923.
A. Frey-Sallmann, *Aus dem Nachleben antiker Göttergestalten* (Diss.). Leipzig 1931.
F. Saxl, *The Zodiac of Qusayr Amra*: K. A. C. Creswell, *Early Muslim Architecture*. Oxford 1932 I, S. 289 ff.
F. Panofsky-Saxl, *Classical Mythology in Mediaeval Art*: Metropolitan Museum Studies 4, 1933, S. 245 ff.
K. Weitzmann, *Three "Baktrian" Silver Vessels with Illustrations from Euripides*: Art Bulletin 25, 1943, S. 283 ff.
A. von Salis, *Antike und Renaissance*. Zürich 1947.
H. Schnitzler, *Mittelalter und Antike*. München 1949.
K. Weitzmann, *Greek Mythology in Byzantine Art*. Princeton 1951.
Fr. J. Dölger, *Antike und Christentum*². München 1974.
Em. Wellesz, *An Islamic Book of Constellations*: Bodleian Library. Oxford 1956.
F. Saxl, Lectures: *The Revival of Late Antique Astrology*. The Warburg Institute, London 1957, S. 73 ff und passim.
W. Volbach, *Frühchristliche Kunst*. München 1958.
F. Munari, *Ovid im Mittelalter*. Zürich 1960.
J. Seznec, *The Survival of the Pagan Gods: The Mythological Tradition and its Survival in Renaissance, Humanism and Art*. New York 1961.
A. Momigliano, *The Conflict Between Paganism and Christianity*. Oxford 1963.
H. Brandenburg, *Bellerophon Christianus?*: Römische Quartalschrift für christliche Altertumskunde und Kirchengeschichte 63, 1968, S. 49 ff.
N. Dacos, *La découverte de la Domus Aurea et la formation des grotesques à la Renaissance*. London 1969.
H. Buchthal, *Historia Trojana: Studies in the History of Mediaeval Secular Illustration*. London 1971.
J. Berger, *Picasso*. Penguin Books 1965.
J. Thimme, *Picasso und die Antike*: Ausstellung im Badischen Landesmuseum, Karlsruhe 1974.
Esin Atil, *Art of the Arab World*. London 1975.
St. Hiller, *Triumph des Pferdes. Zur Ikonographie der Salzburger Pferdeschwemmen:* Festschrift Hans Seldmayr. Salzburg 1977, 57–97.
Matteo Maria Bojardo, *Orlando innamorato* (1495). Ins Deutsche übertragen von Gottlob Regis. Berlin 1840.
Lodovico Ariosto, *Orlando furioso* (1517), *Der rasende Roland*, Übersetzung von Johann Diederich Gries, Bibliographisches Institut, Leipzig.
Pio Raina, *Le fonti dell'Orlando furioso*. Florenz 1900.
Journal of the Warburg and Courtauld Institute, Bände 1–36 (1937–1973) passim.
A Bibliography on the Survival of the Classics: The Warburg Institute, London. Bände I (1934) und II (1938).
Mediaeval and Renaissance Studies: The Warburg Institute, London. Bände 1–6 (1934–1968).

Index

Museen und Sammlungen